H0227085

Merve
Verlag

Michel Serres

Kleine Chroniken
Sonntagsgespräche mit Michel Polacco

Aus dem Französischen von Ronald Voullié

Merve Verlag Berlin

Originalausgaben © Éditions Le Pommier, Paris 2006 - 2012.

Redaktorat: Elisa Barth, Burglinde Hagert, Alexandre Plank

© 2012 Merve Verlag Berlin
Printed in Germany
Druck- und Bindearbeiten: Dressler, Berlin
Umschlagentwurf: Jochen Stankowski, Dresden
ISBN: 978-3-88396-297-9
www.merve.de

Inhalt

Wikipedia
Chronik vom 25. Februar 2007

Michel Polacco:
Sprechen wir heute über Wikipedia. Wikipedia ist eine kostenlose und mehrsprachige Online-Enzyklopädie, die von vielen Leuten ständig benutzt wird. Das Besondere an ihr ist, dass sie von den Internetbenutzern selbst geschrieben und berichtigt wird. Wikipedia ist sehr erfolgreich. Sie gehört zu den fünf bekanntesten Markennamen im Netz. Ein wunderbarer Erfolg... der sie verschlingt: Sie weiß nicht mehr, wie sie ihren grenzenlosen Datenbestand speichern und zugänglich machen soll. Hat diese virtuelle Enzyklopädie für Sie als Mitglied der Académie française eine Daseinsberechtigung?

Michel Serres:
Ich bin ein Fan von Wikipedia. Warum? Sie ist kein Wörterbuch. An der Akademie machen wir ein Wörterbuch. Wikipedia ist eine Enzyklopädie, eine Sammlung von Wissen. Nicht von Wörtern, sondern von Wissen. Ich bin aus mehreren Gründen ein Fan von Wikipedia. Der erste ist, dass sie kostenlos ist. Wenn ich mein Leben dem Wissen widme, dann deshalb, weil es kostenlos ist. Und da Wikipedia nichts

kostet, ist sie produktiv. Ich führe ein Beispiel an. Wenn Sie Brot haben und ich zwei Euro, und wenn ich Brot von Ihnen kaufe, weil ich Hunger habe, dann werden Sie zwei Euro bekommen und ich mein Brot. Dieses Gleichgewicht, das man »Nullsummenspiel« nennt, ist das Prinzip der Ökonomie selbst. Wenn Sie nun aber ein Theorem oder irgendeine Information zum Lebenden haben, die Sie mich lehren, geben Sie sie mir und behalten sie. Das ist folglich kein Nullsummenspiel. Dieses Ungleichgewicht erzeugt in unendlich kleinen Schritten unbegrenztes Wissen.

Das ist eine »Win-Win-Situation«.

Die Schule vermittelt gewissermaßen dieses produktive Ungleichgewicht, während die Ökonomie nur Nullsummenspiele macht. Zweitens, Wikipedia ist frei. Hier muss man auf Kritik gefasst sein.

Ja, denn die Einträge werden nicht offiziell überprüft und genehmigt. Da kann alles Mögliche drin stehen.

Man hat Berechnungen dazu angestellt, die sehr aufschlussreich sind. Wenn es eine Enzyklopädie gibt, die man empfehlen kann, dann die *Encyclopaedia Britannica*. Man hat berechnet, dass es in der *Britannica* pro Artikel 2,93 Fehler gibt. Gegen 3,86 Fehler in der Wikipedia. Der Unterschied ist praktisch gleich Null. Die Freiheit hat hier zu erstaunlichen Ergebnissen geführt. Vor einigen Jahren habe ich ein Buch mit dem Titel *Rameaux* veröffentlicht. Am Ende dieses Buches gibt es ein Kapitel über den Heiligen Paulus. Einer meiner amerikanischen Leser hat mir die folgende Geschichte erzählt: Er wollte überprüfen, was ich in diesem Kapitel geschrieben habe. Ich hatte gesagt, dass Paulus in seiner Jugend in Jerusalem studiert hat, bei einem gewissen Gamaliel. Bei Wikipedia stand, dass der Heilige Paulus in seiner Jugend Vanilleeis in New Jersey verkauft hat. Er war sehr erstaunt...

Das wirkt nicht sehr seriös!

Das hat er an einem Morgen um halb elf gelesen. Als er um zwölf wieder in die Wikipedia schaute, war der Fehler behoben.

Es gab kein Eis mehr!

Man ist wieder auf Gamaliel zurückgekommen. Die Wahrheit wurde durch anonyme und freie Korrekturen wiederhergestellt. Das ist eine Sache, die ich toll finde! Endlich mal kein Unternehmen, das von Experten beherrscht wird. Wohl gemerkt, ich habe großes Vertrauen, was die Experten angeht. Wem soll ich denn vertrauen, wenn nicht den Experten? Doch dieses Vertrauen hat auch seine Grenzen: Die Experten, ob sie nun Mathematiker, Astronomen oder Ärzte sind, sind auch nur Menschen. Die traditionellen Bibliotheken, die uns seit Jahrhunderten Vertrauen einflößen, bergen genauso viele Fehler wie Wikipedia!

Sie können sich täuschen...

Es gibt bei diesem Unternehmen der Freiheit, bei diesem wirklich libertären Gemeinschaftsunternehmen der gegenseitigen Überprüfung etwas, das mich wegen der Kostenlosigkeit, Freiheit und Geschmeidigkeit begeistert und mich auf das vertrauen lässt, was eine menschliche Gruppierung werden könnte, die auf jede Autorität pfeift.

Ich möchte Sie mit Wikipedia auf einen anderen Weg führen. Werden wir dieses geteilte Wissen, das für jeden im weltweiten Netz zugänglich ist, zu dem man mit kleinen tragbaren Terminals oder Computern Zugang hat, in der Zukunft vielleicht in einem kleinen Chip in uns tragen? Entwickeln wir uns hin zu einem menschlichen Wesen mit absolutem Wissen?

Absolutes Wissen gibt es nicht... Wenn man anfängt, sich mit dem Wissen zu beschäftigen, entdeckt man, wie schnell es sich entwickelt. Ein Beispiel: Die Professoren, die Spezialisten in den harten Wissenschaften sind, bringen ihren Studenten heute nur einen kleinen Teil dessen bei, was sie in ihrem eigenen Studium gelernt haben. Das Wissen entwickelt sich exponentiell weiter. Wie können Sie sich vorstellen, dass es eines Tages absolut sein könnte? »Absolut« heißt übrigens »nicht auflösbar«!

Ein kleiner Wikipediachip in einer Ecke meines oder Ihres Gehirns...

Außerdem gibt es einen derartigen Unterschied zwischen dem Wissen und der Erkenntnis, zwischen dem Erwerb und dem Verstehen, dass die Entwicklung des Fortschritts unendlich ist. Wikipedia ist jedenfalls nicht die einzige Webseite, die kostenlos ist. Nehmen Sie zum Beispiel Open Source: Sie können sich dort gratis Software besorgen, die von freiwilligen Entwicklern geliefert wird und die, was die Leistungsstärke betrifft, den Programmen, die man gemeinhin benutzt, zehnfach überlegen ist. Wikipedia wird übrigens von einer Französin geleitet, von Florence Nibart-Devouard, die ebenfalls ehrenamtlich arbeitet. Das beunruhigt die Propheten des Unglücks. Es gibt heute eine freie, kostenlose Enzyklopädie, die jedem zur Verfügung steht und die so wahr ist, wie es menschenmöglich ist.

Besteht nicht dennoch ein kleines bisschen die Gefahr der Manipulation?

Wikipedia ist selbstorganisiert, um die Vandalen zu bekämpfen. Ein Wunder der Selbstorganisation und der Selbstverwaltung.

Jeder von uns macht einen Freigabevermerk, wenn er Wikipedia befragt...

Was die Freiheit und die Wahrheit angeht, hat die Ehrenhaftigkeit den Verdacht besiegt. Sagen Sie das überall! Denn der Bund der Tugend funktioniert manchmal genauso gut und schnell wie der Bund des Lasters. Oft hält der systematische Verdacht uns in seinen Teufelskreisen gefangen. Muss man nicht hier und da den Verdacht selbst verdächtigen?

Jules Verne
Chronik vom 23. Januar 2005

Michel Polacco:
Wie in fast allen Zeitungen zu lesen war, feiert man zurzeit das hundertste Todesjahr von Jules Verne. Das ist eine Gelegenheit, sich an diesen genialen Abenteuerschriftsteller, an diesen Vorläufer der Science-Fiction zu erinnern – bei dem sich übrigens mehr Wissenschaft als Fiktion findet, wie sich späterhin zeigen sollte. Sein einziger Nachfolger im letzten Jahrhundert war vielleicht Hergé. Es gibt nur wenige, die es verstehen, in die Zukunft zu schauen, die uns in die Phantasiewelt entführen und dabei mit den Füßen auf dem Boden bleiben.

Michel Serres:
Ich selbst habe Hergé den »Jules Verne der Humanwissenschaften« genannt. Jules Verne reist eher in den Naturwissenschaften umher, und Hergé ist im Völkerkundemuseum auf der Suche nach Migu. Wir gedenken auch des Todes eines anderen Nachfolgers von Jules Verne, nämlich von Kommandant Jacques Cousteau, geboren 1910: Wenn er die Welt der Stille durchdringt, erinnert er seltsamerweise

an Kapitän Nemo, der mit seinem U-Boot *Nautilus* in sie eintauchte…

… *in* 20.000 Meilen unter dem Meer.

Wenn Nemo durch das Bullauge seines Salons die Vielfalt der Fische betrachtet, wenn er in einem Taucheranzug riesige Austern öffnet und sich gegen Riesenkraken verteidigt, weiß ich nicht mehr, ob ich einen Roman von Jules Verne lese oder einen Film von Cousteau sehe.

Wie erklären Sie dieses großartige Vermögen, in die Zukunft zu schauen?

Er schaut nie in die Zukunft, oder weit weniger, als man glaubt. Die Wissenschaft, von der er spricht und zu deren Champion er wird, ist eher dreißig bis sechzig Jahre vor ihm angesiedelt. Jules Verne schreibt etwa in der Zeit von 1880 bis 1900, in der zum Beispiel Poincaré oder Jean Perrin vorherrschend sind, die sich zum Beispiel mit Atomen beschäftigten; die Wissenschaft, von der er spricht, stammt also eher von Auguste Comte, aus den Jahren 1830-1850. Er bleibt somit in seiner Kindheit stehen. Der Leser auch, und noch mehr der Kritiker! Die Forschung ist ihm weit voraus. Er schaut also nicht in die Zukunft der Wissenschaft. Und auf die der Maschinen? Ja und nein. Nein, weil es wenig wirklich neue Maschinen in seinen Romanen gibt – weder das U-Boot, noch das Dampfschiff… – aber er antizipiert vor allem die Kommunikationsmittel. Er spricht sehr wenig von Produktionsmaschinen, er spricht von Flugzeugen und von Granaten...

... im Weltraum?

... ja, im Weltraum, an Bord der *Columbiade*, mit der Michel Ardan und seine Kumpane zum Mond aufbrechen; in *Das Kapartenschloss* spricht er sogar von einer ungewöhnlichen Sache, von einem Vorläufer des Fernsehens, von einer Art Glasscheibe, in der man die Sängerin Stilla singen sieht, obwohl sie bereits gestorben ist. Er macht also eine ungewöhnliche Antizipation...

... Aber in Paris im 20. Jahrhundert erfindet er zum Beispiel das Fax... und er denkt sich einen Jachthafen am Fuß des Eiffelturms aus!

Seltsame Zukunftsvisionen! Wird man dort eines Tages Segelboote sehen? Aber achten Sie eher auf seine Rückständigkeit, wenn er einem seiner Romane den Titel *20.000 Meilen unter dem Meer* gibt. Wie Sie wissen, war das metrische System damals schon hundert Jahre alt. Man wirft den Franzosen vor, dass sie sich ziemlich langsam an den Euro gewöhnen, wobei man vergisst, dass Jules Verne, ein Spezialist in den Wissenschaften und der Technik, nicht »Kilometer«, sondern »Meilen« oder auch »Klafter« statt »Meter« sagte.

Das macht er wegen der Atmosphäre, wegen der Pädagogik.

14

Ich bewundere Jules Verne, weil er überall durchkommt [passe partout]. Einer der Reisenden von *In 80 Tagen um die Welt* heißt Passepartout. Das ist der Held meines Herzens und meines ganzen Lebens. Jules Verne kommt an allem vorbei. Und zwar drei Mal. Beim ersten Mal durchquert er den Raum der Welt: Sie finden kein Land, keine Wüste, keinen Ozean, kein Packeis und keinen Pol, wo nicht ein Roman hinkommt. Zeichnen Sie eine Karte oder einen Atlas seiner Reisen: Das Geflecht seiner Reiserouten folgt insgesamt dem globalen Netz der Längen- und Breitengrade. Globalisierung der Reiserouten. Und er kommt nicht nur überall auf der Erdoberfläche hin, sondern steigt, wie schon gesagt, mit der *Nautilus* in die Tiefen des Meeres hinab und bricht dann in den Weltraum auf, zuerst zum Mond, und reist…

… zum Mittelpunkt der Erde…

… zum Mittelpunkt der Erde und verirrt sich sogar im Sonnensystem: Hektor Servadac, Hauptmann in Algerien, wird von einem Meteoriten angezogen und an Bord dieses Meteoriten besucht er den Jupiter, den Mars und reist mit Leichtigkeit durch das Sonnensystem. Jules Verne nimmt den gesamten Raum ins Visier, ohne Grenzen. Abgesehen natürlich von einigen bemerkenswerten Irrtümern: Es ist schwierig, zum Mittelpunkt der Erde vorzudringen mit der Vorstellung, die Vorfahren der Menschen würden dort Monster weiden. Zweitens kommt er überall aus der Sicht der Wissenschaften hin. Eben das hat das *Magazine d'éducation et de récréation* Pädagogik genannt.[1] In diesem Magazin habe ich begeistert Geologie, die Klassifikation der Fische, Botanik, Astronomie, die Geophysik und vieles andere gelernt. Ich erinnere mich, dass ich als Kind darin Gleichungen gesehen habe, bei denen ich mir geschworen habe, sie eines Tages zu verstehen!

Erzählt er nicht auch viel Unsinn?

Na klar, er versteht die Wissenschaften als ein Lehrbuch über positive Philosophie. Kurz gesagt, indem er überall hinkommt, entwirft er eine Enzyklopädie. Mit großem Erfolg: *Er überträgt die Wissenschaft in eine Erzählung.* Das ist das Wichtigste. Es fehlt uns heute ein Jules Verne, weil leider keiner mehr die Wissenschaft in eine Erzählung überträgt. Um Kinder von sieben bis siebenundsiebzig Jahren zu begeistern, muss irgendjemand auf die Suche nach irgendetwas aufbrechen. Das Ziel der Forschungsreise ist ein bestimmter Ort, da man hofft, dort die Lösung für ein Problem zu finden. Dort kann man eine Sonnen- oder Mondfinsternis beobachten; woanders einen Vulkanausbruch erleben; hier sehen, wie die Wale schwimmen... Bilanz: erstens, eine Reise durch den ganzen Raum; zweitens, durch alle Wissenschaften. Mit einem feinen Zusammenhang zwischen beiden: Wenn man reist, ist es von Vorteil zu wissen, *was man sieht*, und *wohin man geht*, ein wenig von der Botanik und von der Zoologie zu wis-

---

[1] In diesem, seit 1864 erscheinenden *Magazin zur Erziehung und Erholung* veröffentlichte Jules Verne seine ersten Romane und Erzählungen. (A.d.Ü.)

sen, um Australien besser zu sehen, von der Geophysik, um die Erdbeben in Kalifornien zu verstehen... Achtung: um auf ihre Frage zum Imaginären zurückzukommen, hier die dritte Reise von Jules Verne, andere, noch seltsamere Orte, die er uns auch durchqueren lässt. Ein Beispiel: Gelehrte messen den Meridian in der Kalahari-Wüste, in Südafrika. Wenn man den Bericht dieser Gelehrten liest, die die Wüste durchqueren, die einen Raum durchqueren, die eine Wissenschaft durchqueren, erkennt man den Exodus in der Bibel wieder. Das Volk der Hebräer zieht ins gelobte Land... Plötzlich bekommt alles eine mythologische, religiöse und mythische Klangfarbe. Ein anderes Beispiel: In *Die Stadt unter der Erde* geht es hinab in eine schottische Kohlenmine, wo Menschen leben... Plötzlich steigen drei Helden aus der Dunkelheit ans Licht, in einer Art von ekstatischer Initiation in die Wahrheit. *Das Schloss in den Karpaten*, ein weiteres Beispiel, nimmt den Mythos von Orpheus wieder auf. Bilanz der drei Reisen: Die ganze Erde, alles, was man erforschen kann; alle Wissenschaften, alles, was man wissen kann; und schließlich die Mythen, die es ermöglichen, zu überleben.

Man ehrt Jules Verne also zu recht. Er ist einer der Glanzpunkte der französischen Kultur, und er fehlt uns.

Jules Verne fehlt uns, um uns von diesen drei Reisen zu erzählen, von der Reise zur Erde, zu den Wissenschaften und zum Nachdenken über unser Schicksal. Ich wünschte jedem, dass er sie machen kann: sehen, erkennen, begreifen.

Feinschmeckerei
Chronik vom 3. Dezember 2006

Michel Polacco:
Sprechen wir heute von der Esslust.[2] *Die Festtage rücken näher, und jeder träumt von schönen Tafeln oder guten Speisen, die Geschäfte und Kaufhäuser werden geschmückt, die Straßen mit Lichterglanz erfüllt. Die* Salons saveurs, *eine Messe für Feinschmecker, für die France Info die Partnerschaft übernommen hat, gehen heute Abend zuende. Ist die Gaumenfreude eine Sünde? Wie Lionel Poilâne in seinem* Bittgesuch an den Papst[3] *schrieb: Ist es nicht ungerecht, dass in unserer Sprache eine der sieben Todsünden der Bibel mit dem Wort »Völlerei« übersetzt wird? Sollte man nicht lieber die Wörter »Gefräßigkeit« oder »Fressgier« benutzen?*

---

[2] Auf Französisch: *la gourmandise.* Die *gourmandise* bezeichnet Esslust, Naschhaftigkeit, Schlemmerei, Feinschmeckerei, Gaumenfreude, im Christentum gilt sie aber auch als eine der Sieben Todsünden: Völlerei. (A.d.Ü.)

[3] Lionel Poilâne, *Supplique au pape pour enlever la gourmandise de la liste des péchés capitaux, avec ses amis*, Paris 2004. (A.d.Ü.)

Michel Serres:

Oder gar »Trunksucht«. Steht diese medizinische Sünde nicht in allen möglichen Buchstaben auf den Plakaten – »Übermäßiger Alkoholgenuss ist schädlich für die Gesundheit«? »Rauchen tötet.« Wir stehen in dieser Tradition. Es geht in der Tat um das Übermaß, um übermäßiges Essen oder Trinken. Esslust ist etwas ganz anderes, und erlauben Sie mit bitte, zumindest ein Menü zusammenzustellen. Beginnen wir zum Beispiel mit dem Lob des Gemüses. Fast alle Gemüsesorten sind köstlich, welche soll man wählen? Meine Wahl fällt heute auf die Artischocke. Michel, haben Sie schon einmal Wasser getrunken, nachdem Sie eine Artischocke gegessen haben?

Ja, ich habe einen trockenen Hals…

Das Wasser bekommt in diesem Moment einen köstlichen Geschmack, einen Anisgeschmack, es schmeckt ganz anders. Es bekommt eine außergewöhnliche Würze. Die Artischocke ist so außergewöhnlich, dass sie das Wasser würzig macht. Andererseits ist sie für mich das Symbol des Kunstwerks. Sie betrachten das Werk, sie erklären es. Je mehr Sie es erklären, um so mehr neue Erklärungen gibt es Ihnen. Man findet immer wieder ein weiteres Blatt, eine weitere Schuppe. Die Artischocke ist eine der besten Gemüsesorten, die es gibt.

Entfernen Sie sich nicht zu weit von den Gaumenfreuden?

Ich bin dabei, sie auszuleben! Gehen wir weiter. Nach dem Gemüse würde ich gern Fisch essen. Ich erinnere mich sehr gut an einen Tag, an dem ich auf See Dienst hatte und meine Steuerbordwache sagte: »Sehen Sie den Kutter da, Steuerbord voraus? Das ist mein Schwager.« Wir hielten direkt auf ihn zu, und als wir Bord an Bord lagen, hat er uns ein Netz Makrelen aufs Vorderdeck geschüttet. Die Makrelen zappelten noch, und wir haben sie sofort in die Pfanne gehauen. Fangfrischer Fisch ist unvergleichlich!

Passt die Gaumenfreude nicht eher zu Süßigkeiten?

Keine Sorge, dazu kommen wir noch. In St. John's auf Neufundland hat der frisch gefangene Kabeljau einen außergewöhnlichen Nussgeschmack… Wenn Sie wollen, dass wir von Süßigkeiten sprechen, nehmen wir zum Nachtisch eine Birne. Aber erst zum Käse. Wir haben eine Artischocke gegessen, dann eine Makrele oder Kabeljau. Denken Sie nun an die breite Palette von hervorragenden Käsesorten, die Frankreich bietet, vom Roquefort bis zum Chaource, vom Schafskäse aus den Pyrenäen bis zum Saint-Nectaire…

… Da läuft mir das Wasser im Mund zusammen…

Und da Sie Früchte wollen, fast alle Äpfel sind sehr gut. Die Birne eher selten. Sie ist nur gut, wenn sie gerade reif ist, genau in diesem Moment, Dienstagmittag. Aber wenn man sie genau in diesem Moment isst, ist sie eine ganz hervorragende Frucht. »So wie die Frucht sich auflöst im

Genusse,/ Abwesenheit Entzücken zum Schlusse/ in einem Mund, drin ihre Form verschwand« – Valéry.[4] Zum Schluss nehme ich gern einen der wunderbaren Weine aus Frankreich. Genauer gesagt, einen von ihnen, einen Sauternes, vom Château d'Yquem, der seinen Pfauenschwanz entfaltet, das Bild der Feinschmeckerei schlechthin.

Da wollen Sie aber hoch hinaus...

Im Wein entfaltet das Gekochte alle vorstellbaren Geschmacksrichtungen. Ein Fachmann unterscheidet beim Wein zehn, zwanzig, dreißig Geschmacksvarianten. Es gibt also bei Feinschmeckern ein sehr stark ausgeprägtes sinnliches Erkenntnisvermögen, das ich vor einiger Zeit in *Die fünf Sinne* genau zu beschreiben versucht habe.[5] Die Sinne täuschen uns viel weniger, als uns die Handbücher zur Philosophie sagen!

Sie sprechen von einem Talent nicht von Sünde...

Die Sünde ist, wie schon gesagt, eher das Übermaß. Sie ist eher das, was die Gesundheit gefährdet: zu viel Alkohol, der unsere Arterien gefährdet, zu viel Tabak, der unsere Lungen gefährdet... Die medizinischen und gesellschaftlichen Vorsichtsmaßnahmen, die wir heute zugunsten der

---

[4] Paul Valéry, »Le Cimetière marin / Der Friedhof am Meer«, übers. von Rainer Maria Rilke, in *Werke*, Bd. 1, Frankfurt a. M. 1992, S. 172 ff. (A.d.Ü.)

[5] Vgl. Michel Serres, *Die fünf Sinne*, übers. von Michael Bischoff, Frankfurt a. M. 1993. (A.d.Ü.)

Gesundheit oder der Sicherheit treffen, stoßen, rein laizistisch gesprochen, wieder auf die alte Liste der Laster. Diese Liste rekapitulierte die Exzesse. Doch da wir gerade dabei sind, ein Menü zusammenzustellen, möchte ich gern mit einem Dessert schließen. Sie sind ja scharf auf Süßigkeiten... ich liebe die Tarte Tatin...

... hmm...

... die mit Äpfeln gemacht wird. Wenn Sie erlauben, beende ich dieses Menü mit einer Anlehnung an das, was die Japaner ein *Haiku*, ein kleines Gedicht nennen:

Matin, Tatin, satin	Morgen, Tatin, Satin
Tous les mantins	Jeden Morgen
Une tarte Tatin	Eine Tarte Tatin
Au goût de satin.	Mit seidigem Geschmack.

Ein hübsches kleines trou normand.[6]

Das ist also das Menü, das ich diesen Sonntag wählen würde, um meiner Feinschmeckerlust zu frönen. Ich möchte aber auch noch daran erinnern, dass die Feinschmeckerlust nicht nur mit dem Geschmack und dem Geruch zu tun hat. Man kann auch Lust auf ein Sonett von Ronsard haben. Auf ein elegantes Theorem in der Mathematik. Auf

---

[6] Wörtlich: »ein normannisches Loch«. *Faire un trou normand* bedeutet: Zwischen den Gängen einen Schnaps. (A.d.Ü.)

eine Liebesnacht. Die Feinschmeckerlust ist ein allgemeiner Genuss, mit dem Mund, aber auch mit dem ganzen Körper, den ganzen Tag über und auch das ganze Leben. Man kann ein Feinschmeckerleben führen, ohne dass dies eine Sünde wäre. Einfach aus Neugier, aus dem Interesse an der Erkenntnis – die Öffnung von Körper und Geist. Wie ich schon in einer früheren Sendung sagte, die Philosophie will alles. Sie ist die allgemein verbreitete Feinschmeckerlust!

Wenn man Sie so hört, scheint alles ganz einfach zu sein...

Ja so ist es, die Feinschmeckerei definiert sich durch die Einfachheit. Ich habe dieses Menü gerade wegen seiner Einfachheit ausgewählt. Haben Sie bemerkt, dass die Birne nur an einem bestimmten Tag, in einer bestimmten Minute besonders schmackhaft ist? Dass die Makrele oder Kabeljau nur in dem Moment gegessen werden können, in dem sie aufs Vorderdeck fallen? Dass die Artischocke nur gut ist, weil sie den Geschmack des Wassers erhöht? Was die Tarte Tatin betrifft, so habe ich nicht gesagt, dass sie gut ist, ich habe gesagt, dass sie mich zu meinem nachgemachten Haiku angeregt hat – *Matin, Tatin, satin*, etc. Feinschmecker zu sein, bedeutet, das Außergewöhnliche im Alltäglichen zu finden. Das Seltene im überall Vorhandenen. Das Köstliche hinter dem, was man fast jeden Tag bei sich zu Hause oder auf der Straße findet. Kurz, das Paradies hier und jetzt.

Lourdes, Anna, Maria und Bernadette
Chronik vom 9. November 2008

Michel Polacco:
Diese Woche: Lourdes, um auf diesen Ort zurückzukommen, den Papst Benedikt XVI. bei seinem apostolischen Frankreichbesuch im letzten September aufgesucht hat. Lourdes ist ein wichtiger Ort für christliche Pilger, die den Spuren von Bernadette Soubirou folgen. Es ist auch ein Ort, an dem sich traditionellerweise die französischen Bischöfe treffen. Und es ist vor allen ein Ort von Erscheinungen, Wundern und außergewöhnlichen Heilungen, die Gegenstand eines Glaubens sind, der genauso stark ist wie die Be-streitung und Kritik dieser Vorgänge. Jedes Jahr empfängt Lourdes Hunderttausende von Pilgern, die vor allem in der Hoffnung auf Heilung kommen. Erscheinungen, Heilungen, Wunder: Warum ist Lourdes ein so außergewöhnlicher Ort? Etwa wegen seiner Persönlichkeiten?

Michel Serres:
Wie soll man einen solchen Erfolg erklären? Bei meiner ersten Reise nach New York, war ich überrascht, auf dem Flughafen, der zum John-Fitzgerald-Kennedy-Flughafen geworden ist, zu sehen, dass die beiden Hauptziele in

Frankreich Paris und Lourdes waren. Deshalb versuche ich heute, die Debatten über die Echtheit der Erscheinung, die medizinischen Diskussionen, die Kritik der Wunder, etc. zu vergessen. Ich möchte die Frage auf andere Weise behandeln und versuchen, diesen weltweiten Erfolg zu erklären. Deshalb mache ich einen Umweg über eine universitäre Disziplin, mit der ich mich schon sehr lange beschäftige, die Religionsgeschichte. Die Religionsgeschichte fasziniert mich deshalb, weil sie von der Vorgeschichte bis in unsere Tage reicht; weil man mit ihr sozusagen eine Weltreise macht; und weil sie alle Arten und Weisen, sich für das Göttliche zu interessieren, untersucht – den Fetischismus, den Totemismus, etc. Mir ist aufgefallen, dass sich fast alle Religionen für die Genealogie interessieren – auch die Bibel und das Evangelium.

Die Bibel ist eine beeindruckende Genealogie.

Die Genealogie ist der »Count down« der Religionen, das, was gewissermaßen die Geschichte ausgelöst hat. Bei diesen Genealogien ist mir aufgefallen – und ich glaube, dass alle Religionshistoriker in diesem Punkt übereinstimmen –, dass es fast nie oder wirklich nie eine streng weibliche genealogische Aufeinanderfolge gegeben hat. Eine Göttin wird aus dem Schenkel Jupiters geboren, Eva aus einer Rippe Adams geformt. Als ob die Männer die Funktion des Hervorbringens und Gebärens einnehmen, rauben oder halten würden. Wie wir heute wissen, kennen wir keine Kultur, in der die Frauen vorherrschend sind. Was geschieht nun in Lourdes? Etwas Spannendes und, wie ich glaube,

Einmaliges in der Geschichte. Eine Frau erscheint und sagt: »Ich bin die Unbefleckte Empfängnis.« Sie sagt es übrigens in ihrer heimatlichen Mundart. Und was ist eine Unbefleckte Empfängnis? Seit mindestens zwei Jahrtausenden weiß man, dass Maria Jesus zur Welt gebracht hat und dennoch Jungfrau blieb. Das bezeichnet man technisch als »jungfräuliche Empfängnis des Wortes«. Doch das ist keineswegs, was sie meint, wenn sie sagt: »Ich bin die Unbefleckte Empfängnis.« Sie sagt etwas ganz Neues: »Ich bin ohne Sünde, ich bin ohne Sünde empfangen worden.« »Empfangen ohne Sünde.« Von wem spricht sie? Von ihrer Mutter.

Gewiss.

Die Anna heißt. In der Grotte der Erscheinungen ist eine einst unsichtbare Frau sichtbar, Maria. Sie erscheint und spricht von ihrer Mutter, die unsichtbar bleibt, Anna. Sie wendet sich an eine kleine Schäferin, die vierzehn Jahre alt ist, den Dialekt der Einheimischen spricht, Bernadette heißt und durch diese Erscheinung erleuchtet wird.

Und die alles versteht…

Im Christentum wissen alle, dass es eine Dreifaltigkeit gibt: Vater, Sohn und Heiliger Geist. Doch das ist eine männliche Dreifaltigkeit. Und nun erscheint eine ausschließlich weibliche Dreifaltigkeit – Anna, Maria, Bernadette –, die in der ganzen Religionsgeschichte einmalig, revolutionär und völlig neu ist.

Das ist Ihre Lesart. Sie ist immerhin originell.

Man kann natürlich alles Möglich an dieser Begebenheit kritisieren. Man kann sich dem Lager der klugen Leute anschließen, die diese abergläubische Dummheit kritisieren. Es bleibt jedoch bestehen, dass das Volk sich über diese Revolution nicht getäuscht hat. Eine Revolution, die genau in dem Moment kam, in dem die Frauen zumindest im Westen begannen, das millionenfache ungerechte Joch abzuschütteln, das sie seit Urzeiten tragen mussten.

Zehntausend Jahre und mehr...

Plötzlich erschienen die Frauen, erschien eine Dreifaltigkeit. Am religiösen Himmel ereignete sich eine völlig neue Genealogie. Nun, man kann über all das lachen. Ich würde mich sogar dem Lager der Kritiker anschließen. Doch ich muss gestehen, dass das Volk klüger als die klugen Leute war, als es in Lourdes einen Sieg errang. Es kommt manchmal vor, dass das Volk mehr von der grundlegenden Anthropologie weiß und die Menschheit besser versteht als die Gelehrten, Kritiker und Philosophen. Ich interessiere mich sehr für dieses Phänomen. Ich habe daher Lust, abschließend zu sagen: Hoch sollen sie leben, diese drei Frauen, die – außerhalb der Zeit – die Frauen unserer Zeit angekündigt haben.

Glauben Sie, dass diese kleine Bernadette Soubirou...

... Sie ist die Vorkämpferin des heuten Feminismus...

...irgendeine Ahnung von der Dimension hatte, von der Sie heute sprechen?

Die Frage ist nicht, ob sie etwas davon wusste oder nicht. Es gab da objektiv ein Phänomen, das man heute als etwas völlig Neues ansehen kann, was den Status der Frau im Westen betrifft. Das scheint mir absolut revolutionär zu sein. Die erste rein weibliche Genealogie in der Geschichte der Religionen.

Das Heil kommt in Lourdes also von den Frauen?

Die Vergangenheit gehörte nicht den Frauen. Aber ihnen gehört von nun an die Zukunft. Lourdes sagt alles zu diesem Punkt, und das in einem Wort. Schlussfolgerung: Die Dinge, über die die Gelehrten sich lustig machen, sind manchmal viel grundlegender als die Dinge, die sie für grundlegend halten.

Muttertag
Chronik vom 25. Mai 2008

Michel Polacco:
Diese Woche: der Festtag der Mütter. Er ist zweifellos noch vor dem Valentinstag, dem Fest der Verliebten, der beliebteste nicht-kirchliche Feiertag. Heute wollen wir den Müttern unsere Glückwünsche aussprechen, wenn wir das Glück haben, dass sie noch unter uns sind. Wenn Sie erlauben, Michel, mache ich selbst das bei der meinen, die zweiundneunzig Jahre alt ist. Und vergessen wir nicht, dass auch unsere Frauen und Töchter Mütter sind. Sie verdienen sehr wohl diesen kurzen Moment des Gedenkens, in dem ein zärtlicher Blick auf ihnen ruht.

Michel Serres:
Sie haben recht, wenn sie den Plural benutzen. Auf Französisch sagt man nicht *fête de la mère*, sondern *fête des mères*. Ich möchte etwas zu diesem Plural sagen. Das Fest der Mütter ist also vor allem das Fest der Mutter, meiner Mutter, Ihrer Mutter und auch der Mutter unserer Zuhörer. Wir alle kommen aus ihren Körpern, mein Körper besteht zu einem großen Teil aus dem meiner Mutter. Das zu sagen,

genügt allerdings nicht. Bei meiner Geburt hatte sich die Nabelschnur dreimal um meinen gewürgten und völlig schwarzen Hals gelegt – ich kann keinen engen Gang entlang gehen, ohne davon zu träumen, ohne zu leiden. Ich trage also den Körper meiner Mutter immer noch in mir, in der Art und Weise, in der ich atme, schlucke, lebe oder nicht leben kann. Man sagt oft, dass man in dem Maße, in dem die Mutter einen geliebt hat, ein Werk schaffen kann. Oder dass es einem im entgegengesetzten Fall schwer fällt, dies zu tun. Und man sagt auch, dass die Eifersucht in der Liebe, die so viel Leid verursacht, zweifellos von der Eifersucht auf den Bruder kommt. Wie kommt es, dass meine Mutter einen anderen liebt?

Meinen Bruder, meine Schwester...

Deshalb meine ich, dass die Mutter die Gebärmutter unseres Gedächtnisses und unserer Erinnerung bleibt.

Aber ist die Mutter nun die Erzeugerin oder jene, die einen aufzieht?

Die Erzeugerin ist mein Körper. Sie ist gewissermaßen seine Gebärmutter oder seine Materie selbst. »Materie« bedeutet im Lateinischen gleichzeitig Holz, (Baum-) Stamm und Mutter. Der Stamm meines Körpers, der Stamm unseres Gedächtnisses. Deshalb feiere oder bedauere ich mit Leib und Seele Tag für Tag das Fest der Mütter. Sie haben bemerkt, dass ich »feiern oder bedauern« gesagt habe. Und zwar deshalb, weil unsere Mutter, die Ihre wie die meine und die unserer Zuhörer eine Frau wie jede andere ist. Sie ist weder eine Heilige noch eine Teufelin. Weder die Jungfrau Maria noch die Folcoche[7] von Hervé Bazin in seinem Roman *Viper im Würgegriff*... Sie ist eine Frau wie jede andere, vollkommen und durchschnittlich, hart und sanft. Und somit kann man sie feiern oder bedauern. Wie dem auch sei, man wird sich sicherlich nie von dieser Erinnerung befreien, ob sie nun gut oder schlecht ist. Doch ich komme zum dritten Mal auf diesen Plural zurück. Es gibt mehrere Mütter. Die Erzeugerin, jene, die einen aufzieht, die Adoptivmutter, etc. Aber sie wissen ja, dass wir nicht geboren sind, bevor jemand zu uns sagt: »Ich liebe dich.« Ich glaube, dass die Frau, die zu uns sagt: »Ich liebe dich« in gewisser Weise die Geburtshelferin unserer zweiten Geburt ist. Sie ist auch eine Mutter für uns. Folglich haben wir mehrere Mütter. Wir lieben mehrere Mütter. Wir werden mehrere Male geboren, wir haben mehrere Körper, wir kommen mehrere Male zur Welt. Heute muss der Festtag all dieser Mütter gefeiert werden.

Ihnen zufolge gibt es also mehrere »Ich liebe dich«...

Genauso wie es mehrere Lieben gibt, gibt es mehrere Mütter und mehrere Geburten. Wir haben also mehrere Körper. Aus diesen pluralen Körpern möchte ich meine Schlussfolgerung ziehen. Ich, als Mann, bin ziemlich arrogant, wenn ich von so etwas spreche – von der Mutter-

---

[7] In etwa: Verrückte Sau. (A.d.Ü.)

schaft, von der Mutter. Ich bin keine Frau. In der Literatur, in unserer Tradition haben wir Männer die Gewohnheit, anstelle der Frauen zu sprechen. Ich lese oft Romane, in denen das Portrait der Männer das Portrait der Frauen erdrückt, in denen die Frauen nicht das Wort haben. In *Die Elenden* wird Victor Hugo sich nicht gewahr, dass er die wirklichen Elenden Fatine, von infantil, das heißt ohne Sprache, oder Cosette, die kleine Sache, nennt. Was für ein Machismus! Ich bedaure sehr, dass nicht eine Frau an meiner Stelle steht, dass nicht eine Frau das Wort zu diesem Festtag ergreift. Ich schließe daraus, dass es in der Menschheit im Grunde nur zwei Geschlechter gibt, wirklich nur zwei. Auf der einen Seite die Mütter, auf der anderen Seite die anderen. Das ist eine Idee, von der ich sehr oft geträumt habe. Also, ich gehöre zu »den anderen«. Ich bin keine Mutter. Ich habe nicht die Erfahrung gemacht, in meinem Bauch ein Kind zu tragen, es zur Welt zu bringen und zu stillen. Deshalb bin ich völlig arrogant. Heute kann ich in der Tat meine Glückwünsche zum Fest der Mütter aussprechen, zum Fest der Frau, die meine Erzeugerin war, die mein Körper ist, die meine Erinnerung trägt. Die gut oder schlecht gewesen ist, die wie alle anderen war. Wie Andromache, die Hektor rettet, indem sie die Leute in ihrer Umgebung wegen ihrer schrecklichen Erinnerungen daran hindert, zu leben.

Ist für Sie nur eine Frau, die ein Kind zur Welt bringt, ein weibliches Wesen?

Ich habe nicht »weibliches Wesen« gesagt. Ich habe von Geschlechtern gesprochen. Von nur zwei Geschlechtern.

Es gibt männliche und weibliche Wesen.

Eben gerade nicht! Es gibt zwei Grunderfahrungen des Körpers: die Mutterschaft und den Rest. In der Mutterschaft gibt es eine irreduzible Erfahrung, die der Mann nicht hat und von der er, so wie ich heute, in arroganter und abstrakter Weise spricht.

Sie stecken die Männchen also in das Lager der Weibchen, die kein Kind zur Welt gebracht haben.

Keineswegs. Ich weigere mich übrigens, die Wörter »Männchen« und »Weibchen« auszusprechen. Ich habe gesagt und ich betone: Es gibt wirklich nur zwei Geschlechter – die Mütter und die anderen, ganz gleich, ob sie nun, wie Sie sagen, Weibchen oder Männchen sind. Ich sage also, dass bestimmte Lebewesen – zu ihrem Glück und zu ihrer Erfüllung – die Erfahrung der Mutterschaft machen. Ich genieße diese Erfüllung nicht. Ich feiere das Fest der Mütter heute daher mit einem herzzerreißenden Mangel.

Identität
Chronik vom 16. April 2006

Michel Polacco:
Sprechen wir diese Woche über die Identität von Völkern.
In der kosmopolitischen Welt, in der wir leben, beruft sich
jeder auf sein eigenes Dorf: Korse, Bretone, Baske und
Auvergner, ohne in Paris die jungen Leute von Ménilmontant
oder in Bastoche, die Jugendlichen in Lyon oder die Okzi-
tanier zu vergessen...

Michel Serres:
Vielen Dank, dass Sie die Okzitanier erwähnt haben...

Und die Leute aus dem Périgord! Das ist der permanente
Kampf zwischen dem eigenen Dorf und der Weltstadt. Was
ist nun Identität?

Eine Macke der Sprache. Überall ist die Rede von Identität. Man dekliniert sie mit verschiedenen Adjektiven. Man
spricht von »regionaler Identität«, Sie haben eben die Okzitanier und die Bretonen erwähnt. Von »kultureller Identität«,
von kultureller Besonderheit. Man spricht gern von »sexuel-
ler Identität«: ich bin eine Frau und kein Mann. Von »religiö-

ser Identität« und meint damit Juden, Katholiken, Muslime, etc. Von »sprachlicher Identität«...

Oder die Protestanten, die man immer vergisst...

Die Protestanten, entschuldigen Sie bitte! Was soll »Identität« heißen? Schön, dass Sie diese Frage gestellt haben. Um sie zu beantworten, erlauben Sie mir bitte, von mir selbst zu sprechen, da meine Identität darin besteht, Michel Serres zu sein. Ich werde daher meine *carte d'identité*, sprich meinen Personalausweis hervorholen...

... was aber keine Pflicht ist.

Was steht da drin? Zuerst mein Name. Ich heiße Serres. Das ist nicht meine Identität, denn es gibt auf der Welt viele Leute, die so heißen. In Portugal, in Spanien, in Frankreich, in Italien... Alle Namen, die »Gebirge«, *sierra*, sagen wollen. Ich gehöre also zu einer ziemlich großen Gruppe von Leuten, die diesen Namen tragen. Das ist nicht meine Identität, das ist eine meiner Zugehörigkeiten. Ich gehöre zur Untermenge der Menschen, die Serres heißen. Dann habe ich einen Vornamen: Michel.

Wie ich.

Wir gehören zu einer sehr großen Gruppe – Michel, Miguel, Michael –, die in vielen Sprachen vorkommt. Es muss Millionen Menschen geben, die diesen Vornamen haben. Aber auch hier gilt: »Michel Serres« ist nicht meine Identität. Das ist eine Zugehörigkeit unter anderen. Ich gehöre zu einer Gruppe von Menschen, die Serres heißen. Ich gehöre zu einer Gruppe von Menschen, die den Vornamen Michel tragen. Gehen wir weiter. Dort steht, dass ich am 1. September geboren bin. Das Jahr ist vorsintflutlich...

Aber es liegt doch gar nicht so weit zurück...

Die Zahl der Leute, die in diesem Jahr geboren wurden, ist auf der ganzen Welt auch ziemlich groß. Das müssen Millionen gewesen sein. Das ist also immer noch nicht meine Identität, da ich zu dieser Gruppe gehöre. Andererseits bin ich in Okzitanien geboren, ich bin Okzitanier. Was sage ich? Nein, ich bin kein Okzitanier, das ist meine Zugehörigkeit. Ich bin an einem bestimmten Ort geboren, der in der Tat im Südwesten Frankreichs liegt...

... unweit von Agen...

Das zeigt mein Akzent. Auch mein Geschlecht ist vermerkt. Hier gehöre ich zu dreimilliardensiebenhundertfünfzigmillionen Menschen, die mit einem männlichen Geschlecht ausgestattet sind. Auch hier gehöre ich zu einer sehr großen Gruppe. Da steht sogar, wie groß ich bin. Ich bin 1,80 m groß. Eine beträchtliche Zahl von Menschen ist genauso groß. Daraus folgt, das auf meiner *carte d'identité* meine Identität nicht zu finden ist.

Nichts, was sich direkt auf Sie bezieht...

Nur meine Zugehörigkeiten. In manchen Ländern steht im Ausweis sogar die Religionszugehörigkeit und die Herkunft. In den Vereinigten Staaten etwa die ethnische Zugehörigkeit...

... die Hautfarbe...

Noch einmal, es handelt sich hier nicht um Identität, sondern um Zugehörigkeit. Die Verwechslung von Identität und Zugehörigkeit ist ganz alltäglich. »Kulturelle Identität« besagt überhaupt nichts. Ich gehöre zu dieser Kultur. »Sexuelle Identität« besagt auch nichts. Ich gehöre zu einem bestimmten Geschlecht. Von »regionaler Identität« zu sprechen, macht auch nicht mehr Sinn. Was ist also Identität? Das »ich bin ich«, Punkt und Schluss. In allen anderen Fällen geht es um Zugehörigkeiten.

Aber wie kann ich mich definieren, wenn ich mich nicht an meine Zugehörigkeiten halte?

Das werde ich Ihnen sagen. Die Polizei kann mich dank dieser Art von Zugehörigkeit ausfindig machen. Dazu braucht sie nur Überschneidungen von Zugehörigkeiten zu überprüfen. Aber ich gehöre zu vielen anderen Gruppen. Ich gehöre zu einer Gruppe, die etwas Bestimmtes studiert hat. Ich gehöre zu einer Gruppe von ehemaligen Rugby-Spielern. Ich gehöre zur Gruppe der Bergsteiger...

... zu den Freunden von France Info...

... zu denen, die Englisch sprechen, etc. Aber man verwechselt immer noch Identität und Zugehörigkeit. Die eine ist gekennzeichnet durch drei kleine übereinander liegende Striche (≡), die andere durch eine Art Epsilon, das wie das Euro-Zeichen aussieht (∈). Das ist ein logischer Fehler. Wenn auch nicht sehr schlimm. Ich mache jeden Tag logische Fehler, wie Sie, wie viele unserer Hörer. Doch das ist in Wirklichkeit mehr als ein logischer Fehler. Das ist ein politischer Fehler, und vielleicht ein politisches Verbrechen. Was ist Rassismus? Rassismus ist eben gerade die Verwechslung von Identität und Zugehörigkeit. Wenn Sie von jemandem sagen, dass er schwarz ist, dass er afrikanisch ist, dass er jüdisch ist, dass er katholisch oder protestantisch ist, kommt die Verfolgung immer da her. Anstatt zu sagen, dass jemand ein Individuum ist, reduzieren Sie ihn auf seine Zugehörigkeit zu einer Gruppe. Und diese Gruppe kann als verfolgte gekennzeichnet werden. Diese Macke der Sprache, die uns ständig von »kultureller Identität«, etc. sprechen lässt, ist also gefährlich. Das ist nicht nur ein logischer Fehler, wie ich es zu definieren versucht habe, als ich meinen Ausweis analysiert habe. Das ist auch ein politisches Verbrechen, das wirklich schädlich für die Menschheit sein kann.

Was raten Sie, um zu verhindern, dass man diesen schweren Fehler macht? Denn in unserer Logik gibt es ja keine Lösung.

Ich fände es gut, wenn man den Ausdruck »Zugehörigkeit« verwenden würde. »Das ist meine Zugehörigkeit.« »Ich bin

Okzitanier« sagt nichts. Ich gehöre zur Gruppe der Leute, die in Okzitanien geboren sind, deren Eltern okzitanisch gesprochen haben und die die okzitanische Kultur auf ihren Schultern tragen.

Würde das die Okzitanier vor Rassismus schützen?

Ja. Es sind oft die Macken der Sprache, vor allem diese Urteile durch Kategorien, die zu abscheulichen sozialen und politischen Verhaltensweisen führen. Wenn man das Wort »Identität« ausschließlich auf Individuen beziehen würde, würde man zweifellos dahin gelangen, diese zu respektieren.

Selbstmord
Chronik vom 24. Juni 2007

Michel Polacco:
Sprechen wir diese Woche über den Selbstmord. Ein Tabuthema, ein Thema, das in unserer Gesellschaft verboten ist, die so lange darum gekämpft hat, zu wachsen und sich zu vermehren und die angesichts der Pflicht zu leben, niemals das Recht zu sterben, gewährt hat. Insbesondere junge Menschen sterben im Verhältnis zu den anderen viel häufiger durch Selbstmord; auf der ganzen Welt gibt es etwa eine Million Selbstmorde pro Jahr. Zwölftausend pro Jahr in Frankreich, eine Zahl, die viel höher als die der Verkehrsopfer ist. Und 170.000 Selbstmordversuche, was auch eine beträchtliche Zahl ist. In einigen nördlichen Ländern gibt es sogar Auffangstrukturen für Selbstmörder. Ist der Selbstmord ein tragisches Kennzeichen des Leids, Michel?

Michel Serres:
Das ist ein äußerst schwieriges und gefährliches Thema, und die Zahlen sind niederschmetternd. Und das ist für mich auch die schmerzhafteste Chronik dieses Jahres. Ich

will versuchen, Ihnen zu sagen, warum. Sie sagen, dass dies ein Tabuthema, ein verbotenes Thema ist...

Vor einiger Zeit durfte man sich in der Presse nicht damit beschäftigen...

Ein Tabuthema, das heißt heilig: Mit etwas Mut, mit etwas Verstand kann man die Grenze dieses Heiligen leicht überschreiten. Doch ich kann sie nur schwer überschreiten. Man kann auf zwei Weisen vom Selbstmord sprechen. In objektiver Weise: Es genügt, »Selbstmord« bei einer Suchmaschine einzugeben, und man erfährt, dass es in Japan eine Selbstmordkultur gibt. Dass die Stoiker in der Antike auch eine Selbstmordkultur hatten. Dass mit der Erhöhung der Lebenserwartung ein bestimmter, völlig gerechtfertigter Wunsch auftaucht, seinen Tod völlig zu beherrschen. Man kann also objektiv vom Selbstmord sprechen, mit Zahlen wie denen, die Sie eben zitiert haben. Mit, wie schon gesagt, niederschmetternden Zahlen, die zeigen, dass die Gesellschaft nicht völlig gesund ist, weil sich viele junge Menschen – vor allem junge Frauen – umbringen. Aber auch viele Alte bringen sich um, doch hier sind es eher die Männer. Das sind die objektiven Dinge, die man sagen kann. Aber ich finde, das ist gefährlich. Das ist weder ein Tabu, noch verboten. Es ist gefährlich, weil es eben gerade heilig ist.

Gefährlich, darüber zu sprechen?

Wenn es eine Regel gibt, die ich in meinem Leben befolge, dann »du darfst nicht töten«. Folglich fürchte ich, dass, davon zu reden, die Leute zu bestimmten verzweifelten Handlungen treibt. Deshalb würde ich es vorziehen, darüber nicht in objektiver, sondern in subjektiver Weise zu sprechen. Ich muss Ihnen etwas gestehen. In der Zeit zwischen meinem achtzehnten und fünfundzwanzigsten Lebensjahr habe ich mehr als zehn verzweifelte Freunde verloren, und darunter den besten, engsten, charmantesten und auch genialsten Freund, dessen Zukunft vielversprechend und der ganz außergewöhnlich war. Ich habe Woche für Woche damit verbracht, den Schatten des Todes von ihm fernzuhalten. Ich habe alles versucht. Ich bin gereist, ich habe an vielen Orten gesucht, aber letzten Endes habe ich es weder geschafft, noch verstanden, sein Leben zu retten. An diesem Tod habe ich drei oder vier Jahrzehnte gelitten, und ich fühle mich durch ihn immer noch krank, wenn ich daran denke. Um ihn herum sind sein Bruder, seine Eltern und seine Familie in lebenslange Verzweiflung verfallen. Deshalb ist der Selbstmord für mich ein schmerzliches und schwieriges Problem. Für mich ist das kein Tabuthema, sondern es geht mir nahe.

Ist es Ihnen gelungen, darüber nachzudenken?

Das Einzige, was ich heute tun kann, anstatt Zahlen und Fakten anzuführen, ist, zu zwei Arten von Personen zu sprechen. Ich möchte zu den Verzweifelten sprechen, zu denen, die von diesem Drang gequält werden, der sie fast unwiderstehlich zur Schwelle des Todes führt. Ich möchte ihnen gern sagen: Sucht euch jemanden und sprecht, sprecht, sprecht. Sprecht eure Angst aus, sprecht eure Verzweiflung aus, sprecht von eurer Verlorenheit, von eurer Einsamkeit. Sprecht, versucht so viel wie möglich zu sagen. Versucht, einen Michel Serres zu finden, wie mein Freund Élie mich über Wochen und Monate gesucht hat. Bleibt nicht allein, denn die Tat, die euch unwiderstehlich anzieht, ist eine endgültige Tat, während eure Probleme, das könnt ihr mir glauben, vorübergehen werden. Und ich möchte auch zu denen sprechen, die wie ich am eigenen Leib das Leid erfahren haben haben, weil sie jemandem – Eltern, Freunde, Liebhaber, Geliebte – nahe standen, der oder die diese Tat begangen hat. Auch sie müssen darüber sprechen, auch sie müssen ihre Einsamkeit, ihre Verzweiflung aussprechen. Ich höre ihnen gern zu, denn dieses Problem kann das ganze Leben belasten. Jene, die diese Tat begehen wollen, sind verloren und der schlimmsten Einsamkeit ausgesetzt.

Genügt es, ihnen zuzuhören, um sie davon abzuhalten, Michel?

Ich glaube, wir haben nicht viele Behandlungsmöglichkeiten und Hilfsmittel. Wir haben leider nur die Mittel der Freundschaft, des Zuhörens, des Sprechens und des Vertrauens. Man muss auf jeden Fall die Einsamkeit und Verlorenheit aufbrechen, in der sich eine Person befindet, die unwiderstehlich zu dieser Tat gedrängt wird. Man muss sie, glaube ich, vor dieser Tat schützen. Sie ist nicht nur tabu. Sie ist unwiderstehlich, und wer diesen Drang verspürt, dem sage ich: »Sie müssen jemanden finden, mit dem Sie sprechen können, dem Sie sich anvertrauen können, um über diese Kraft zu reden, die Sie bedrängt. Finden Sie einen Freund.«

Das haben Sie sehr schön gesagt. Und Ihre Position ist ganz klar: Sie billigen und verstehen den Selbstmord nicht, und Sie ermutigen nicht dazu, ihn zu begehen.

Ich habe keine theoretische Lösung. Für alte Leute, die verzweifelt und schwer krank sind, mag sich eine solche Lösung anbieten. Mit der Erhöhung der Lebenserwartung wird man wahrscheinlich nach und nach dahin gelangen, Lösungen zu finden, um den eigenen Tod zu beherrschen. Das respektiere ich, wie ich auch die Philosophie der alten Stoiker respektiere. Doch das ist nicht der Selbstmord, von dem ich heute sprechen möchte. Ich möchte vom Selbstmord der jungen Menschen sprechen, weil ich mit ihnen zu tun habe – ich bin ja Professor – und weil ich schwer unter diesem Problem gelitten habe. Ich wende mich heute ausschließlich an sie. Jenen, die zwischen achtzehn und fünfundzwanzig sind und die unwiderstehlich von dieser Versuchung angezogen werden, sage ich: »Bleibt nicht allein. Sucht euch jemanden, der euch zuhört. Erzählt ihm von eurem Leid. Sprecht. Vertraut euch jemandem an. Gesteht alles.«

Vater und Sohn
Chronik vom 19. März 2006

Michel Polacco:
Diese Woche wollen wir von Vater und Sohn sprechen. In den letzten Tagen hat es fast überall in Frankreich Demonstrationen gegeben. Zehntausende Jugendliche, die protestieren, kämpfen, sich prügeln. Ob nun mit der Unterstützung ihrer Eltern oder gegen sie, ich weiß es nicht. Gibt es da einen Zusammenhang? Die Kinder sind jedenfalls auf der Straße. Was meinen Sie, Michel Serres? Und was löst das bei Ihnen aus?

Michel Serres:
Ich möchte zunächst darauf hinweisen, dass ich mich an keinem politischen oder gewerkschaftlichen Kampf beteiligen will. Ich spreche über die Vater-Sohn-Beziehung lieber im Zusammenhang mit allen psychologischen, kulturellen, geschichtlichen und vielleicht sogar religiösen Auswirkungen, die sie beinhaltet. Aber ich möchte zuerst ein Zeugnis anführen, dem es keineswegs an Emotionen fehlt. Aus leidenschaftlicher Begeisterung für das Wissen und seine Vermittlung bin ich seit 1953 Hochschullehrer, also über fünfzig Jahre, und auf fünf Kontinenten. Ich habe also

eine kontinuierliche und konstante Erfahrung mit meinen Studenten und Studentinnen, die ich immer geliebt, bewundert, geschätzt und in ihrer Existenz unterstützt habe. Ich kenne nur wenige von ihnen, die nicht leiden. Ihr Alter ist sozusagen das »Alter der Schmerzen«: der Schmerz des Aufwachsens, der Schmerz des Erwachsenwerdens, der Beginn des eigenen Lebens, die panische Angst, in eine gewaltsame, brutale und hässliche Gesellschaft einzutreten. Sie leiden. Sie leiden unter der Neurose ihrer Eltern, unter der Neurose ihrer Lehrer – zum Beispiel unter meiner –, unter der Gemeinheit und Hässlichkeit, in der unsere Gesellschaft sich in aller Ruhe ergeht. Sie leben wirklich in einem schrecklichen Abschnitt ihrer Existenz. Sie haben dieses Leid direkt vor meinen Augen durchgemacht, zu allen Zeiten, und überall auf der Welt. Von 1953 bis heute, wie eine echte Konstante.

Der Schmerz der Jugend?

Der Schmerz des Heranwachsens, des Lebensanfangs, die Furcht, in diese elende Gesellschaft hineinzutreten, die von uns anderen, von uns Erwachsenen erfunden und geschaffen wurde. Ich möchte auch darauf hinweisen, dass wir vor Kurzem in einem Bericht der Weltgesundheitsorganisation zur Vorsicht gemahnt wurden. Diesem Bericht zufolge könnten die Depression unter Jugendlichen und die manchmal damit verbundenen Selbstmordversuche ab 2020 zu einer wichtigen Todesursache werden. Man muss daher wachsam sein. Und ich glaube nicht, dass das Phänomen erst kürzlich aufgetreten ist. Ich möchte nun auf eine überkommene Idee, auf eine weit verbreitete Idee zurückkommen. In den Hörsälen, in den Salons hat man seit Jahrzehnten das Dogma vom Vatermord gelehrt. Ich möchte nun vom Sohnesmord sprechen. Es gibt noch eine andere Zahl als die der WHO. Während man den Vatermord lehrte, haben im Ersten und Zweiten Weltkrieg einige Personen überall auf der Welt beschlossen, Abertausende von jungen Leuten in den Tod zu schicken, die kaum älter als zwanzig Jahre waren. Genau in dem Moment, in dem man den Vatermord lehrte, zeugen diese Kriege vom Mord an den Söhnen. Liegt das erst kurz zurück? Das glaube ich auch nicht. Das ist so alt wie der Krieg. Was ist eine Kriegserklärung? Ein Greis, irgendwo, so etwas wie ein widerwärtiger Großvater, der zu seinem Kollegen, einem alten Knacker, auf der anderen Seite der Grenze sagt: »Bitte sei so gut und töte mit deinen Kindern meine Kinder. Ich bin zur entsprechenden Gegenleistung bereit.« Das ist meine Vorstellung vom Krieg: ein widerliches Opfer von zahllosen Kindern.

Und eine Tat von alten Männern...

Eine Tat des Vaters. Das lässt uns weit zurückgehen, denn es hat viele Kriege geben. Gehen wir in die Antike zurück, zu Abraham, dem Vater aller Monotheismen. Die Hauptszene ist die Opferung seines Sohnes Isaak, die gerade noch gestoppt wird. In der griechischen Mythologie gibt es den Mord an Iphigenie, der Tochter des Agamemnon. In der Bibel gibt es den Mord an der Tochter von Jephta. Da kommt etwas vor, das mich dazu gebracht hat, noch einmal einen Blick in die Texte zu werfen. Und ich habe eine große Entdeckung gemacht. Wissen Sie, lieber Michel, mit welchem Satz das Alte Testament, die jüdische Bibel, endet?

Nein.

Es endet mit einem Satz des Propheten Maleachi: »Der [Prophet Elia] soll das Herz der Väter bekehren zu den Kindern und das Herz der Kinder zu ihren Vätern, dass ich nicht komme und das Erdreich mit dem Bann schlage.«[8] Das ist das letzte Wort des Alten Testaments. Und quasi auch das erste Wort des Neuen Testaments. Siehe Lukas I,17.

Schon damals, der Streit der Generationen...

An der Nahtstelle von Altem und Neuem Testament findet sich ein Satz, der die Väter anfleht, ihre Kinder zu lieben.

Die Demonstration der jungen Leute wäre also eine ewige Bewegung?

Wenn ich recht habe, den Krieg als Mord an den Söhnen zu definieren, dann hat es nie Krieg von Frankreich gegen Deutschland oder von Deutschland gegen sonst wen, gegeben: Es gibt einen Krieg der Generationen. Wenn wir Frieden wollen, müssen wir den Frieden bei uns machen. Hören wir auf, unsere Frauen zu schlagen. Hören wir auf,

---

[8] In der französischen Bibelübersetzung steht nicht »Kinder«, sondern *fils*, Söhne. (A.d.Ü.)

Söhne zu ermorden, wie Abraham es tat. Ich glaube, man hat vergessen, dass es nicht der Vatermord ist, der zählt. Sondern der Sohnesmord. Man muss die Geschichte neu schreiben und die Psychologie umkehren!

Die Revolte ist im Grunde normal.

Ich möchte, dass unsere Kinder nicht mehr so leiden, wie ich sie seit einem halben Jahrhundert habe leiden sehen, wie ich sie ihr Leben dem väterlichen Monster des Krieges geben sehe.

Europa… ein seltsames System
Chronik vom 12. Oktober 2008

Michel Polacco:
Diese Woche wollen wir wieder über Europa sprechen.
Europa im Mittelpunkt unserer ganzen Politik, Europa, das
Schritt für Schritt entsteht, mit vielen Peripetien, und das
sich in wenigen Jahren stark erweitert hat. Europa, für das
wir im nächsten Frühjahr abstimmen werden, um neue
Abgeordnete zu wählen. Und schließlich Europa, das seit
dem Beginn der Finanzkrise mühsam versucht hat, spezi-
fische und wirksame Lösungen zu finden. Michel, was hal-
ten Sie von seiner Wirksamkeit?

Michel Serres:
Was Ihre Frage betrifft, so bin ich zweigeteilt. Ich möchte
zunächst für mich selbst, Michel Serres, sprechen und
einige gefühlsbetonte autobiographische Bemerkungen
machen. Dann werde ich versuchen, ein Experte zu sein,
das heißt, rational zu antworten. Doch lassen wir zuerst
die von Gefühlen geleitete Person zu Wort kommen. Ich
stamme aus einer Familie, in der mein Vater bei Verdun mit
Giftgas beschossen wurde und meine Mutter die einzige
von ihrer Schule war, die geheiratet hat, weil alle möglichen

Verlobten und Ehemänner im scheußlichen Gemetzel des Ersten Weltkriegs umgekommen sind.

Mehr als zweieinhalb Millionen Tote.

Meine frühesten Erinnerungen stammen aus dem Jahre 1936. Da ich nicht weit von der spanischen Grenze geboren wurde, sah und hörte ich, wie die Flüchtlinge aus diesem fürchterlichen Krieg von den Schrecken erzählten, die sie erlebt hatten. Dann gab es 1939 den »Blitzkrieg« und eine weitere Welle von Flüchtlingen in unterschiedlicher Verfassung kam in meiner Stadt an. Wir mussten schlaflose Nächte verbringen – ich war erst ach Jahre alt –, um Decken und etwas zu essen für sie aufzutreiben. Danach wurden meine Erinnerungen vom Zweiten Weltkrieg genährt – Dresden, die Shoah, Hiroshima, Nagasaki. Und als ich ins waffenfähige Alter kam, musste ich nach Algerien. Das ist meine Autobiographie.

All das war in Europa.

Zwischen meiner Geburt und dem Alter von achtundzwanzig Jahren hieß es nur: Krieg, Krieg, Krieg. Mein Körper, meine Füße, meine Waden, meine Schenkel, mein Geschlecht, mein Hintern, meine Brust und mein Kopf: ein Kriegsleib. Aber ich habe eine friedliche Seele. Wenn ich heute Grenzen überquere, vor allem die Grenze am Rhein, weine ich echte Tränen, weil mir gewahr wird, dass ich im Frieden lebe, dass meine Generation dank Europa Frieden geschaffen hat. Wie sieht die Erinnerung aus, die Erinnerung der Geschichte? Kriegstraumata. Und was ist das Vergessen? Ich möchte Folgendes unterstreichen: Das Vergessen ist der Friede. Sobald man im Frieden lebt, vergisst man, dass man im Frieden lebt. Aber wenn man den Krieg erlebt hat, erinnert man sich an den Krieg. Deshalb bitte ich die heute sehr zahlreichen Zuhörer, die keinen Krieg erlebt haben, sich daran zu erinnern, dass sie im Frieden leben und dass sie diesen Frieden Europa verdanken, und das schon seit fünfundsechzig Jahren – ein absolut einmaliger geschichtlicher Zeitraum seit, ja vielleicht seit dem Trojanischen Krieg! Was ist nun eine Nation? Für mich ist das eine juristische Person, die von den Müttern verlangt, ihre Kinder in den Krieg zu schicken, die über Leben und Tod ihrer jungen Leute entscheidet. Was ist Europa? Eine juristische Person, die niemals das Leben ihrer Kinder verlangen wird.

Sind Sie sich da sicher?

Man wird nie einen Krieg für das Konglomerat führen, das ich eben definiert habe. Deshalb bin ich ein Kind Europas. Das war die Antwort des Menschen Michel Serres. Kommen wir nun zur Antwort des Experten. Was ist Europa? Nun, Europa ist eine vertrackte Sache, es hat letztlich nur Fehler: Es ist schwerfällig, zu dick und ineffektiv. Man kann sich über nichts einig werden, weder über die Landwirtschaft, noch über den Handel oder über die Wirtschaftskrise!

Oder über den Beitritt der Türkei.

Es ist also ein seltsames System. Doch was ist ein System? Ein System ist ein vollkommenes System: deduktiv, transparent, harmonisch, ein System, das funktioniert. Aber gerade weil das System vollkommen ist, funktioniert es schlecht! Greifen wir diese Frage wieder auf: Was ist ein System, das fast gut funktioniert? Zum Beispiel ein lebendiges System: Organe, Gefäße, das Atmungssystem sind nebeneinander angeordnet...

... greifen ineinander...

... und funktionieren nicht sehr gut. Warum? Weil die Evolution sie im Laufe von Abermillionen Jahren zusammengefügt hat. Und weil all das nicht sehr kohärent ist. François Jacob sagte von meinem Gehirn, oder von seinem oder von unserem, es sei »eine Schubkarre, die einen Computer transportiert«, womit er auf die Verwandtschaft zwischen einem Reptiliengehirn und der jüngeren Entwicklung des Gehirns des *homo sapiens* anspielte. Die Analogie ist zutreffend. Unser lebendiges System funktioniert, weil es voller Fehler ist, weil es in »unharmonischer Harmonie« ist.

Und nicht trotz seiner Fehler?

Es gibt sicherlich vollkommene Systeme. Völlig autokratische Systeme, absolut totalitäre Systeme...

... pyramidenförmige...

... die den Tod bringen. Dafür hat es in unserer Umgebung Tausende von Beispielen gegeben, von Hitler bis Stalin – alle Tyrannen der Welt. Diese vollkommenen Systeme sind sterblich. Die lebendigen Systeme sind komplex, verdreht, schlecht gebaut und voller Fehler, wie Europa. Wenn man mir sagt: »Europa ist ineffektiv«, »Europa ist zu kompliziert«, »Europa ist zu dick«, sage ich mir immer: »Je schlechter es gebaut ist, umso besser funktioniert es! Um so lebendiger ist es!« Erinnern Sie sich an den Arumbaya-Fetisch[9], als er ins Völkerkundemuseum zurückkehrt?

In Das zerbrochene Ohr. *Selbstverständlich.*

Er ist mit vielen Schrauben, Schienen, Klammern und kleinen Metallplatten zusammengeflickt. Er ist komplex und versöhnt. Europa ist dieser Fetisch. Und der Fetisch ist das Modell des Lebendigen. Europa ist lebendig. Je mehr Fehler es hat, um so mehr liebe ich es wie eine menschliche Person.

---

[9] Vgl. Hergé und den 6. Band von *Tim und Struppi*. (A.d.Ü.)

Die Marseillaise
Chronik vom 9. Oktober 2005

Michel Polacco:
Michel Serres, sprechen wir diese Woche, am Vorabend des Fußballspiels Frankreich gegen die Schweiz über eine weniger materielle Institution, nämlich die Marseillaise. *Nationalhymne, Kriegshymne, blutrünstige Worte, ein Marsch, der den Glauben so vieler Männer entfacht und sie dazu angestachelt hat, im Namen der höchsten Werte der Zivilisation tapfer in den Tod zu gehen. Ein Lied, das man zwar bei Gedenkfeiern hört, das aber mittlerweile nicht mehr in den Krieg führt. Ein Lied, das versammelt, und zwar so weit, dass ein schlechter Scherz[10] die französische Nationalmannschaft dazu brachte, es mit der Hand auf dem Herzen anzustimmen, im Glauben, dies sei der Wunsch des Präsidenten. Eine* Marseillaise, *die auch am 6. September 2001 während des Spiels Frankreich gegen Algerien von jungen Beurs[11] und 2002 von jungen Korsen unter*

---

[10] Der Stimmimitator Gérald Dahan rief die Mannschaft vor einem WM-Qualifikationsspiel an und gab sich als Jacques Chirac aus. Er bat die Spieler, während der Nationalhymne vor dem Spiel die rechte Hand aufs Herz zu legen. (A.d.Ü.)

[11] *Beurs*: umgangssprachlich für in Frankreich geborene Nordafrikaner. (A.d.Ü.)

den Augen der Vertreter der Republik ausgepfiffen wurde. Heute kämpfen die Alten dafür, dass die Jungen aufstehen, wenn sie sie hören, dass sie den Text beherrschen; die neue Regierung hat im Übrigen versprochen, den Text ab diesem Schuljahr in den Grundschulen zu lehren. Michel Serres, das Lied von Rouget de Lisle spiegelt mehr als zwei Jahrhunderte der Geschichte unserer Nation wider.

Michel Serres:
Wie Sie sicherlich wissen, kann das Wort »Hymne« im Französischen weiblich oder männlich sein, je nach dem, ob es religiös oder politisch verwendet wird.[12] Die *Marseillaise* ist sehr wohl unsere Nationalhymne; ich respektiere daher die Geschichte, für die sie steht – wenn auch nur wenig oder verhalten. Denn ich habe starke Zweifel, ob man jungen Menschen derartig blutige Verse, derartigen Aufruf zum Mord und einen solchen Hass beibringen muss. Ich habe in meiner Jugend so viele Tote und Leichen in den Schützengräben gesehen, dass mir speiübel wird, wenn ich diese wirklich rassistischen Worte vom »unreinen Blut« über mich ergehen lassen muss. Ich kenne keinen Menschen, in dessen Adern unreines Blut fließt. Alle Menschen sind meine Brüder, und wenn sie unrein wären, wäre ich auch unrein. Mich widert die Idee an, meine Enkel singen zu lassen: »Diese grausamen Soldaten / rücken uns auf den Leib / um [unseren] Söhnen, [unsren] Frauen die Kehle aufzuschlitzen«. Denn ich weiß ja, dass diese grausamen Soldaten,

---

[12] Im Deutschen: *die* Hymne, *der* Hymnus. (A.d.Ü.)

die auf der anderen Seite der ehemaligen Grenzen geboren wurden, zumindest genauso Europäer wie ich sind, mehr noch, dass sie Menschen wie wir sind. So lange ich lebe, sage ich meinen Nachfolgern, meinen Studenten und meinen Kindern, dass diese ehemaligen Feinde in Wahrheit unsere Brüder sind, und bringe ihnen bei, die allen Menschen gemeinsame Abstammung zu besingen. Überdies möchte ich diese Brüder bitten, mir auf den Leib zu rücken, mit meiner Frau zu speisen und, warum auch nicht, meinen Enkelinnen und Großnichten den Hof zu machen. Wer kann sich heute, ohne sich eines Verbrechens an der Menschlichkeit schuldig zu machen, für solches Hassgeschrei und Geheul begeistern? Wir leben nunmehr die menschliche Brüderlichkeit und Verwandtschaft aller Menschen miteinander. Wenn Frankreich noch eine universelle Botschaft zu verkünden hat, dann bitte lieber diese.

Befürchten Sie nicht, dass das nicht verstanden wird, dass wir den Zusammenhalt verlieren?

Ich bin sicher, dass die kommenden Generationen es verstehen werden. Als Hochschullehrer kenne ich die jungen Menschen unter 25; diese jungen Leute verstehen glücklicherweise nicht mehr, was »Auf dass unreines Blut / unsere Ackerfurchen tränke!« bedeutet. Kennt man in einem Land, das nur noch 2,3 % Bauern hat, überhaupt noch Ackerfurchen? Ich bewundere zwar die Musik der *Marseillaise*, eine Stilmischung aus der Zeit von Mitte des 17. bis Mitte des 19. Jahrhunderts, aber zum Text sag ich jetzt nichts weiter. Als ein Kind des Krieges kann ich ihn, wie schon gesagt, nicht mehr singen. Zu viel Blut, zu viel Grausamkeit.

Aber was sagen sie den anderen, denjenigen, die denken, dass man nicht vergessen darf, dass man dieses Lied bewahren muss, weil es an all die Opfer erinnert?

Die Spieler der französischen Fußballmannschaft haben also, während die *Marseillaise* gespielt wurde, die Hand aufs Herz gelegt, da sie glaubten, der Präsident wolle das so. Wer sind diese Spieler, was ist das für ein das Spiel? Sie spielen bei einer Begegnung, bei der man die Gewalt beherrscht. Sie spielen nach Regeln, die durch einen Schiedsrichter vertreten werden, durch einen Schiedsrichter, der, beachten Sie das bitte, den heimischen Ackerfurchen fremd ist und unter den ehemaligen »Grausamen« ausgewählt wurde! Bei diesen Begegnungen im Fußball, beim Rugby oder beim Basketball schließt dieser Schiedsrichter die Gewalttätigen aus, indem er ihnen eine gelbe oder rote Karte zeigt. In dieser Schlacht, bei der es manchmal heiß hergeht, herrschen die Regeln des Friedens. Bei solchen Begegnungen stehen sich Städte oder Nationen gegenüber, aber nie fließt Blut. Bei der ersten Gewalttätigkeit gibt es einen Freistoß! Wer verletzt, der verliert! Auch beim Rugby, das zwar sehr aggressiv ist, stellt der Schiedsrichter, wenn er es denn gesehen hat, beim ersten Blutstropfen den Übeltäter, der die Verletzung verursacht hat, vom Platz, aber auch denjenigen, der blutet; und der kann nur zurück, wenn er nicht mehr blutet. Diese jungen Leute widmen sich der quasi utopischen Konstruktion eines immens großen

Models der idealen Gesellschaft, in der auch sehr heftige Konfrontationen nie zum Blutvergießen führen. Und Sie wollen, dass sie eine Hymne singen, in der reichlich Blut fließt? Und Sie wollen den jungen Menschen von der Vorschule an und von den Grundschulen an beibringen, unreines Blut zu vergießen, das unsere Ackerfurchen tränkt, jungen Menschen, die sich darauf gefasst machen sollen, dass die grausamen Soldaten kommen werden, um ihnen die Kehle aufzuschlitzen… Von welcher Steinzeit sprechen Sie? Auf welche düstere Zukunft wollen Sie sie vorbereiten?

Die Marseillaise ist ein symbolisches Lied und kein Lied mehr, das man wörtlich nehmen soll.

Die Worte haben einen Sinn oder sie haben keinen Sinn. Sie rufen also entweder zur Gewalt oder zu unsinnigen Handlungen auf; eine schöne Bildung, tatsächlich! Wenn diese Worte einen Sinn haben, dann hat er die Moderne schon lange verlassen; die Zeitgenossen finden sich in ihm nicht wieder. Und das ist gut so! Nicht auszudenken, dass die verantwortlichen Regierenden die Lehrer dazu auffordern, unseren Kindern beizubringen, nach Blut zu lechzten! Stellen Sie sich vor wie ich meine nächste Vorlesung im Hörsaal mit den Worten beginne: «Meine Damen und Herren, ich fordere Sie dazu auf, zu Ungeheuern, zu Vampiren zu werden». Alle würden in Gelächter ausbrechen, und ich auch.

Aber es handelt sich um ältere Schüler, um Studenten, die in der Lage sind, den Kontext zu verstehen…

Selbst dann. Sie leben wie ich, in einer Zeit, in der die Stunde Europas gekommen ist; und bald werden wir alle zu Weltbürgern. Die früheren Feinde meiner Vorfahren sind meine Blutsbrüder. Diese Geschichte ist zu Ende. Wir wollen alle, dass sie abgeschlossen wird. Wir wollen nicht, dass sie wiederkehrt. In zwei Worten erzähle ich Ihnen die Geschichte, die sie nun ersetzten wird: Vor Tausenden von Jahren sind wir alle aus Afrika gekommen; wir haben nur Cousins.

Ich glaube diese Chronik wird auch von sich reden machen.

Rugby
Chronik vom 22. Mai 2005

Michel Polacco:
Michel Serres, nutzen wir Ihre Vorliebe und Ihr einstiges Talent für Rugby, das auch ich sehr gern mag, da ich als junger Mann bei Stade français *gespielt habe – nutzen wir also all dies, um von diesem Sport zu sprechen. Rugby ist zu einer französischen Institution – und zur Lieblingssport-art im Südwesten – geworden, obwohl dieser männliche Mannschaftssport von der anderen Seite des Ärmelkanals zu uns gekommen ist. Daher kommen seine Besonder-heiten: ein Sport von Rowdys, gespielt von Gentlemen, ein Sport von seltener und manchmal brutaler Gewalt, aber mit Regeln, die eher auf Fair-play angelegt sind? Ist Rugby für uns Mittelmeeranrainer ein »anti-kultureller« Sport?*

Michel Serres:
Ich bin weder mediterran noch anti-kulturell! Ja, Rugby hat seine Regeln auf der anderen Seite des Kanals bekom-men, zweifellos in Rugby, einer kleinen Stadt und großen Universität in England, in der Grafschaft Warwickshire. Es hat früher ähnliche Spiele zwischen Dörfern gegeben, die zweifellos seit dem frühesten Mittelalter gespielt wurden.

Das *Soule*-Spiel wurde in der Bretagne mit einem Leder-
ball gespielt, der dem heutigen ziemlich ähnlich war. Im
19. Jahrhundert haben die Engländer für viele Sportarten
Regeln aufgestellt, darunter auch Tennis (in diesem Wort
klingt die englische Aussprache eines Wortes aus dem *Jeu
de Paume* an: »tenez!«), Fußball oder Soccer und Rugby.
Beginnen wir, wenn es Ihnen recht ist, mit einer Eloge des
Rugby. Zunächst mit einer körperlichen Eloge. Die fünfzehn
Spieler haben hier unterschiedliche Morphologien.

Ach ja, die zweiten und dritten Reihen...

Herkulesse in der ersten Reihe, Giganten in der zweiten,
Läufer in der dritten Reihe – das war meine Position –,
kleinere, geschmeidigere, beweglichere und raffiniertere
Gedrängehalbspieler; dahinter die Flügelstürmer, die einen
guten Schuss haben müssen; und schließlich eine Art
von Gazellen, schnell, bissig, die Dreiviertelspieler sind.
Aus körperlicher Sicht ist das kein homogenes Spiel, es
erlaubt biologische Vielfalt, wie man heute sagt. Kommen
wir jetzt zur Kultur. Geboren in Agen, im Departement
Lot-et-Garonne, einer der Heimstätten und Hochburgen
des Rugby, bin ich 1930 zur Welt gekommen, einem sehr
wichtigen Datum in der Geschichte, da Agen in diesem Jahr
zum ersten Mal zum französischen Meister gekürt wurde.
Ich hätte den Zeitpunkt meiner Ankunft auf der Erde nicht
besser wählen können! Agen bestritt dieses Finale gegen
Quillan, eine sehr kleine Stadt. Daher meine zweite Eloge
auf das Rugby, die sich nicht nur auf die körperliche, sondern auch auf die kulturelle Vielfalt bezieht.

Liegt Quillan in Schottland?

Quillan? Nein, im Departement Aude, nicht weit von den östlichen Pyrenäen. Damals, ich erinnere mich noch, gab es Rugby, das Spiel kleiner Käffer, kleiner Dörfer, kleiner Städte, wie zum Beispiel Quillan, und das Rugby verband die großartige Vielfältigkeit, die es zwischen Regionen gab, welche gar nicht so weit auseinander lagen. Man kann das in mehreren Sprachen sagen. In fetischistischer Sprache: Die Leute aus Agen spielten – und spielen immer noch – eher wie Gazellen, während die aus Béziers zum Beispiel eher wie Stiere spielten; oder in der Sprache der Geschichte: Die Leute aus Agen spielten – und spielen immer noch – eher wie die Gallier, während die aus Béziers wie die Römer spielten. Wie Sie sich erinnern, haben die Römer gewonnen. Ich habe Endspiele mit Agen-Béziers gesehen, bei denen man keinen Asterix brauchte, damit alle begriffen, dass es um den alten Krieg der alten, ein wenig verrückten Ordnung gegen die Vernunftordnung der römischen Legion ging. Die Stürmer von Béziers bildeten die Schildkröte, wie das römische Fußvolk mit seinen Schilden unter dem Befehl des Centurios. Nun, das ist Geschichte, gute alte Geschichte, wahre Geschichte, ohne den Staub der Bibliotheken, nur mit einem bisschen Dreck unter den Füßen.

Und warum erlebt Rugby im Südwesten, in Schottland, Irland, England und Wales und sogar in Italien einen Wiederaufschwung?

Ist das ein keltisches Spiel? In den bretonischen Ländern wird offensichtlich die berühmte *soule* benutzt. Trotz jeder Menge Hypothesen gibt es nicht wirklich eine Antwort auf die Frage: »Warum wird in manchen Ländern Rugby gespielt, und in anderen nicht?« Neben den Körpern und der Kultur möchte ich eine dritte Sache hinzufügen: Im Vergleich zu anderen Sportarten sind die Rugby-Regeln äußerst komplex. Obwohl ich ein ehemaliger Rugby-Spieler bin, obwohl ich mit vielen Spielern befreundet bin, obwohl ich noch nie ein Spiel des Fünf-Länder-Turniers versäumt habe,...

... oder des Sechs-Länder-Turniers...

... nun gut, kommt es manchmal vor, dass ich eine Entscheidung des Schiedsrichters nicht verstehe, weil die Regeln so kompliziert sind.

Ein schwieriges Spiel – noch schwieriger als Fußball?

Ja, Fußball ist ein simples Spiel. Es gibt zwei Regeln...

... Ich lasse Sie ins Messer laufen, da haben Sie selbst Schuld!

... nicht mit der Hand anfassen, das Spielfeld nicht verlassen. Dagegen sind die Regeln beim Rugby so kompliziert, dass der Schiedsrichter eine viel wichtigere Rolle als in anderen Sportarten spielt. Warum? Mit dieser Frage komme ich zur vierten Eloge des Rugby: der Umgang mit der Gewalt. Ist Ihnen das Verhalten des Publikums aufgefallen? Äußerst gewalttätig beim Fußball, ziemlich friedlich auf den Rängen beim Rugby. Obwohl Fußball weniger gewaltsam als Rugby ist. Der Umgang mit der Gewalt wird hier vorrangig und macht diese Chronik plötzlich weniger folkloristisch und viel ernster. In dieser Hinsicht hat Rugby eine wichtige pädagogische Wirkung. Werfen Sie kräftige, großartige, trainierte Athleten aufs Feld, die wild aufeinander losgehen...

... die es nur selten unverletzt verlassen...

... ja, die oft verletzt werden... die aber beim Pfiff des Schiedsrichters sofort stehen bleiben, so heiß die Schlacht auch sein mag. Der Umgang mit der Gewalt durch die Schlichtung des Schiedsrichters ist vielleicht die schönste der menschlichen Pädagogiken. Wenn du gegen die Regel verstößt: Freistoß. Du kostest deine Mannschaft drei Punkte. Wirf dich mit aller Kraft in die Schlacht, aber wenn du den Kopf verlierst, kannst du das Spiel verlieren: Freistoß! Eine unglaublich wirksame Schlichtung von maximaler Gewalt durch den Schiedsrichter. Kann man sich eine bessere Erziehung vorstellen? Hier bekommt das Recht die Oberhand über die Gewalt, selbst bei einem Maximum ihrer Realisierung. Ja, führt euch wie Rowdys auf, aber beachtet die kompliziertesten Regeln wie ein Gentleman. Daher die Rolle des Schiedsrichters. Des Schiedsrichters, des Rechtsprofessors. An dieser Stelle möchte ich dem Publikum und den Journalisten ganz deutlich sagen: *nicht der Spieler schießt beim Fußball das Tor, nicht der Spieler schießt beim Rugby das Tor, sondern der Schiedsrichter macht das Tor.* Sagt deshalb niemals: »Er war drin, und der Schiedsrichter hat es nicht gegeben«, oder: »Er war nicht drin, und der Schiedsrichter hat es gegeben.« Weil das Tor nicht faktisch ist, sondern *rechtmäßig*. Der Schiedsrichter wird seine Entscheidung nie zurücknehmen. Protest hat keinen Sinn. In seiner Komplexität lehrt Rugby das Recht, auf der elementaren Ebene des Körpers und der Gruppe, ja, das Recht des Bürgers gegen die blinde Gewalt von Ausgeflippten und Kollektiven. Ich bewundere dieses Spiel wegen seiner Stärke und wegen seines pädagogischen Wertes. Ich kann immer die Philosophie des Rechts in einem Vorlesungssaal lehren, aber wenn die Studenten das Recht nicht in ihren Körpern, in ihren Gebärden und sogar in der Hitze der Schlacht erlebt haben, werden sie es nicht richtig begreifen. Der Sport im Allgemeinen und Rugby im Besonderen bewältigt die Gewalt in pädagogischer und juristischer Weise. Gibt es eine schönere Erziehung für junge Menschen?

Und somit auch auf den Rängen?

Das liegt in der Hand der Zuschauer, das Zuschauen ist nicht mit der Erziehung auf dem Spielfeld zu vergleichen. Ich fürchte übrigens, dass das Spektakel nicht aufhört, die Erziehung zu töten. Beim Rugby herrscht auf den Rängen ein gewisser Friede, weil dort alle sehen, dass die Gewalt juristisch beherrscht wird.

Mal ehrlich gesagt, Michel Serres, gucken sich Mitglieder der Académie française Rugby an?

Rugby ist gleichzeitig beliebt und anspruchsvoll. Ich habe darüber in den wohlwollenden Begriffen meiner persönlichen kulturellen Folklore gesprochen, aber auch in den ernsteren Begriffen einer Vermittlung des Rechts, einer realen politischen Pädagogik. Rugby kann daher, wie mir scheint, der ganzen Gesellschaft gefallen, weil die Gesetze, die bei der kollektiven Gewalt am Werk sind, ganz offensichtlich sind, gleichzeitig aber in unserem Unbewussten oft sehr dunkel bleiben.

Richard Virenque: Held und Opfer
Chronik vom 26. September 2004

Michel Polacco:
Michel Serres, diese Woche wollen wir bzw. wollten Sie
über den Beginn eines Rückzugs sprechen: über den von
Richard Virenque, der mehrere Jahre lang der beste »Klet-
terer« der Tour de France war und der dafür nicht gezögert
hat, einen Zaubertrank zu trinken… Kann man trotzdem
sagen, dass uns ein Star verlässt?

Michel Serres:
Machen wir uns Gedanken über den Ruhm eines Stars, der
in der Tat sehr sympathisch und beliebt ist. Die Affäre hat
sich an der Diskussion um Drogen entzündet. Mir liegt die
Idee fern, dass man Mächte, die noch mächtiger als die des
Staates sind, nicht bekämpfen sollte, doch die Drogenpro-
blematik scheint mir allgemeiner Natur zu sein, da die Rad-
fahrer bei weitem nicht die einzigen sind, die dopen. Stehen
wir nicht aller unter Drogen? Jene, die weder Alkohol trinken
noch rauchen oder Betäubungsmittel nehmen, berauschen
sich dann eben, sagen wir… an der Arbeit. Unsere Freunde
in den Vereinigten Staaten sagen *Workaholic*…

Stachanowismus…

Andere verfallen dem Rausch der Medien, können nicht ohne Radio aufstehen, ohne Fernsehen frühstücken, noch andere nehmen Drogen… Berausche ich mich nicht an der Philosophie?

Und Casanova an den Frauen?

Nun denn: Tiere nehmen keine Drogen. Nehmen wir, Männer und Frauen, nicht Drogen, weil wir Schwierigkeiten mit der Realität haben? Das Tier hat keinen Abstand zu seiner Umwelt; wir sind so weit von ihr abgerückt, dass sie uns Angst macht. Lässt sich der Mensch als ein Tier definieren, das etwas anderes als das Reale braucht?

Es gibt aber Drogen, die in unserer Gesellschaft erlaubt sind oder erlaubt werden können.

Wir machen einen Unterschied zwischen Drogen, die erlaubt sind, und Drogen, die verboten werden. Doch mich interessiert die extreme Popularität des Falls Virenque. Warum hat er so viel Aufmerksamkeit erregt? Weil er sieben Mal der beste Bergfahrer der Tour de France war, aber vor allem, glaube ich, weil er heute zum Opfer wird. Wieso? Er ist von den Medien schwer und heftig in einer Weise verunglimpft worden, die man sich genauer anschauen muss. Ich führe ein Beispiel an: Wenn alle über die Art und Weise, in der ich mich ausdrücke, herfallen würden, so wäre das in Ordnung, weil meine Spezialität, mein Beruf darin besteht, zu sprechen oder mich auszudrücken. Aber das ist letzten Endes in Ordnung, und ich kann mich verteidigen. Aber wenn man mich wegen der Größe meiner Waden oder der Form meiner Nase angreift, dann ist das schändlich; schändlich, weil ich nichts dafür kann.

Und hier ging es um die Art und Weise, in der er sich ausdrückte...

Anstatt ihn für die Art und Weise seines »Kletterns«, wegen seiner Spezialität und seines Talents anzugreifen, hat man ihn wegen seiner Worte angegriffen.

»Ohne mein freiwilliges Wissen...«

Und das war wirklich schändlich; das Volk, zu dem ich gehöre, hat sich davon nicht täuschen lassen. Es hat vielleicht gelacht, aber es hat vor allem gekotzt. So was macht man nicht. Die Leute lassen sich hierbei nie täuschen, sie entscheiden sich sofort für den zum Opfer gemachten Helden. Als Virenque zum Opfer wurde, hat sich seine Popularität vertausendfacht. Und das ist nur gerecht. Ich finde, aus dieser Sicht ist die Öffentlichkeit, was die Kultur und die Moral angeht, viel menschlicher und intelligenter als jene, die über etwas herfallen, wofür man nichts kann. Virenque kann viel für seine Puste und seine Waden, aber er kann viel weniger für seine Sprache. Daher die Schändlichkeit.

Menschlich, aber schizophren! Normalerweise sollten die Leute denen, die gegen die Gesetze verstoßen, Drogen nehmen und betrügen, keine Anerkennung zollen.

Aber nicht deshalb wurde Virenque populär, sondern aufgrund der Verbindung: Opfer-Held. Wegen einer Schummelei, die man verzeihen kann oder nicht – das ist nicht meine Sache, ich bin weder Chemiker noch Richter; ich spreche nie, um zu verurteilen – wurde dieser Held in einem bestimmten Moment zum Superhelden, weil er zum Opfer, zum verlierenden und unglücklichen Helden wurde. Wie die Öffentlichkeit, habe ich sein Unglück bedauert. Denn er war zu diesem Zeitpunkt schon fast nur noch Zweitbester…

Man hat Poulidor geliebt.

Diese Popularität hängt mit dem Sport zusammen, vor allem mit dem Sport. Und warum mit dem Sport? Er interessiert mich aus folgendem Grund so stark: der Sport krönt zumeist den Sieger, den besten Fußballer, den Ballon d'or (Bester Spieler des Jahres), die Goldmedaille bei den Olympischen Spielen, den Finalisten, den Champion, kurz, immer den Gewinner. Doch wenn man genauer darüber nachdenkt, wer gewinnt denn von hundert, tausend, zehntausend Läufern? Einer. Wie viele von tausend Hochspringern, von hunderttausend Athleten gewinnen? Einer. Ein einziger. Wir sprechen immer nur von dem, der gewinnt, von der seltenen Ausnahme. Die Medien feiern nur das Gold und den Sieg. Daher definiere ich den Sport als *menschliche Aktivität, bei der alle verlieren*. Statistisch gesehen und im Großen und Ganzen verlieren die meisten. Schumacher ist die seltene Ausnahme. Anquetil ist die seltene Ausnahme. Eine Goldmedaille gibt es auf der Welt nur alle vier Jahre in einer bestimmten Disziplin. Wovon redet man? Von dem, was fast nie geschieht? Doch diese Ausnahme ist letzten Endes nicht besonders interessant, denn was interessant, konkret, wirklich, vorhanden und unvermeidlich ist, ist die Menge der Leute, die teilnehmen. Und die Menge verliert. Deshalb definiere ich den Sport als eine menschliche Beschäftigung oder Aktivität, bei der alle verlieren. Und diese Aktivität erscheint mir als menschlich, weil alle dabei verlieren. Noch einmal, das Volk täuscht sich nie. Poulidor ist beim Volk so beliebt, weil er verliert, weil er nicht gewinnt, weil er nicht zur Ausnahme gehört. Er gehört zum Volk. Das Volk verliert, zwangsläufig, es ist kein Champion, es ist kein Präsident, es ist kein Gouverneur, etc. Das Volk, einschließlich meiner selbst, erkennt sich eher im Opfer-Helden oder in dem, der verliert, wieder. Die Geschichte von Virenque wirft ein grelles Licht auf die Gesellschaft, in der wir leben. Und sogar auf den Menschen selbst. Wie die Faschisten sprechen wir nur von den Erfolgreichen oder den Stärkeren; die Realität ist das mehr oder weniger gescheiterte Leben, das winzige Leben von uns allen, meines zumindest. Und noch einmal, die Öffentlichkeit scheint mir auch hier viel weiter zu sein, was die Kultur, die Moral und schlichtweg die Menschlichkeit angeht.

Das erinnert uns letztlich an die Gleichheit: Es gibt einen Helden, und alle anderen sind auf der gleichen Ebene, sind alle Verlierer.

Es gibt so etwas wie eine außergewöhnliche Umkehrung: Wie wird der Held zum Volkshelden? Wie wird er zu einem von uns, zu einem zufällig ausgewählten Zuhörer, Sie, ich, jemand, der nicht gekrönt wird, der nie gewinnt? Im Grunde sind die Gewinner vielleicht nicht immer sehr beliebt, im Grunde ist Armstrong nicht sehr beliebt, Schumacher auch nicht, aber der Opfer-Held steht jedem von uns nahe. Wir alle sind eher Opfer als Helden. Ich würde das das »Cyrano-Bild« nennen. Die große Popularität von Cyrano de Bergerac beruht offensichtlich auf seinem losen Mundwerk, aber vor allem auf der Tatsache, dass es ihm nicht gelingt…

… *niemals…*

… niemals gelingt, ins Bett seiner Geliebten zu kommen. Er hat in der Liebe verloren.

Könige und Königtum
Chronik vom 2. April 2006

Michel Polacco:
Sprechen wir heute, anlässlich des Frankreichbesuches des spanischen Königs Juan Carlos, von der Monarchie, von Königen und Königinnen. Juan Carlos ist zwar ein König, aber, wie in Großbritannien, in einer konstitutionellen Monarchie, und solche Könige liefern hauptsächlich Stoff für die Journalisten. Hat all das überhaupt noch einen Sinn? Ist das nicht ziemlich exotisch?

Michel Serres:
Exotisch? Vielleicht. Erzählen wir zunächst wahre Geschichten. Geschichten über Könige. Ludwig XVI. wurde guillotiniert. Marie-Antoinette, die Königin, auch. Heinrich IV. wurde von Ravaillac ermordet, das haben wir in der Schule gelernt.

In der Rue de la Ferronnerie...

Erzherzog Franz Ferdinand wurde in Sarajewo ermordet, und das hat den Ersten Weltkrieg ausgelöst. Weit früher ist Julius Caesar mitten im Senat erdolcht worden. Und noch früher ist Romulus, der erste König, den wir kennen, nicht weit von Rom, an einem Ort, der »Ziegensumpf« genannt wurde, von seinen eigenen Senatoren zerstückelt worden. Soweit ein Ausschnitt aus der endlosen Liste ermordeter Könige. Und wenn wir in die Gegenwart zurückkehren: Charles de Gaule war Opfer mehrere Attentate. Auf Jacques Chirac ist mindestens ein Anschlag verübt worden.

Präsident Reagan…

Auf Präsident Reagan auch. Johannes Paul II. ist in Folge einer langen Krankheit gestorben, die er sich bei einem Anschlag zugezogen hat. Auch John F. Kennedy wurde ermordet. Wahre Geschichten, ich sehe eine unendliche Liste von Machthabern vor mir, zuerst Könige, dann Präsidenten, die das sichtbare Ziel kollektiver Gewalt waren. Also, was ist ein König? Was ist das Königtum? Der König ist im Visier. Sie haben das sicherlich gesehen, wenn sich eine Persönlichkeit öffentlich bewegt, sind sofort starke Polizeikräfte da, um sie zu schützen. Wenn sie sich zum Beispiel ins *Stade de France* begibt, werden Scharfschützen auf den Dächern postiert. Ich erinnere mich an einen Privatbesuch eines ehemaligen Präsidenten der Republik – ich war damals noch jung: in den Gärten des Gastgebers gab es keinen Busch, in dem nicht mindestens drei oder vier Polizisten versteckt waren. Und es hat durchaus seinen Grund, dass sie beschützt werden. Sie sind das sichtbare Ziel möglicher Anschläge.

Weil sie die Verkörperung der Macht sind?

Nein. Weil die ganze gesellschaftliche Gewalt sich auf ihren Kopf konzentriert. Weil die ganze gesellschaftliche Gewalt sich auf ihren Körper konzentriert. Wir sind ja schon bis zu Caesar und Romulus zurückgegangen, und dabei fällt mir eine alte Geschichte ein. Erinnern Sie sich, dass man früher sagte, der Tarpejische Felsen sei nicht weit weg vom Kapitol?

Selbstverständlich.

Wer war auf dem Kapitol? Der König. Die mächtigste Person des Staates. Wer war am Tarpejischen Felsen? Das Opfer, das man vom Felsen stürzte, um das Urteil zu vollstrecken. Beide Orte liegen nahe beieinander. So nah, dass der König und das Opfer plötzlich ein und dieselbe Person bilden. Und ich glaube, dass das Begnadigungsrecht, das der Präsident der Republik bei zum Tode Verurteilten hat, eine Spur dieser zunehmenden Nähe sein könnte, dieser Grenzidentität von König und Opfer. Ich möchte diese wahre Geschichte gern durch eine imaginäre Geschichte ersetzen. Man liest in vielen Texten, dass sich die Menge, wenn eine gesellschaftliche Krise ausbricht, gemeinhin auf ein Opfer stürzt, auf einen Sündenbock.

Das stimmt.

Dieser Sündenbock wurde hingerichtet, getötet, um die Probleme mit der kollektiven Gewalt in den Griff zu kriegen. Stellen Sie sich nun vor, dass man den Sündenbock ergreift und ihn, statt ihn sofort hinzurichten, eine bestimmte Zeit im

Gefängnis sitzen lässt. Man lässt ihn dort in Ruhe. In dieser Zeit gibt man ihm, ich weiß nicht was, eine Zigarette, ein Glas Cognac… Sie erinnern sich an die Gewohnheiten? Der Verurteilte hatte auch das Recht auf eine Frau…

Das wusste ich nicht.

Das war so üblich. Man wartet einen Tag, drei Monate, vier Monate, und nach und nach gibt man ihm alle Rechte, er erlangt die ganze Macht. Da haben wir den König. Das sakrifizielle Opfer wird zum König. Ich glaube, im Grunde ist diese erfundene Geschichte wahrer als die wahren Geschichten. Wer die Macht hat, konzentriert die ganze gesellschaftliche Gewalt auf seinen Kopf. Folglich schützt ihn die Polizei, schützen ihn immense Sicherheitskräfte. Weil er auch die Rolle des Opfers spielt. Der Anführer ist gleichzeitig jemand, der die Macht hat, und jemand, der die Gewalt auf sich zieht.

Wir sind also bei der Funktion, bei der Rolle… Und was ist mit der Dynastie?

Versuchen wir nun zu schauen, wie der allmächtige König zum konstitutionellen König wird. Und was ist politische Macht in der Demokratie?

Und die Nachfolgerschaft? Die Machtübergabe vom Vater auf den Sohn oder auf die Tochter?

Betrachten wir das französische Wort *suffrage*, das in etwa Wahl oder Stimmabgabe bedeutet. Ein außergewöhnliches Wort. Wir haben das Recht zu wählen. Wir wählen zum Beispiel den Präsidenten der Republik. Nun, das Wort *suffrage* bedeutet »Bruchstück«. Die Bruchstücke waren einst die Steinstücke, auf die man den Namen des Königs schrieb. Mit diesen selben Steinen steinigte man das Opfer. *Suffrage* bezeichnet jemanden, der *unter* den Bruchstücken liegt. Jemanden, der gelyncht wurde.

Gewalt und Steinigung...

Man sieht also, dass jemand, der die königliche oder demokratische Macht hat, immer der gesellschaftlichen Gewalt ausgesetzt ist. Damit kommen wir auf die souveräne Macht, auf den sakrifiziellen König, auf das Opfer, das die Macht innehat, zurück. Jede Macht entspricht der Konzentration gesellschaftlicher Gewalt. Was bedeutet es also, die Macht zu haben? Die entfesselte Menge vor sich zu haben. Und das ist ziemlich genau der politische Mut.

Das sagt uns aber nichts darüber, wer recht und wer unrecht hat, der König oder die Untertanen...

Es geht nicht darum, wer recht oder unrecht hat. Die Frage lautet, wie ist es möglich, dass jemand an die Macht kommt und sie festhält. Das ist genau deshalb möglich, weil die Gewalt auf einen gegebenen Bereich konzentriert wird, auf einen gegebenen Moment, entweder auf den Tarpejischen

Felsen oder aufs Kapitol. Diese beiden Orte sind nur einer…
Der Louvre, Versailles oder der Élysée-Palast.

Der Tod, Ende oder Ursprung des Lebens
Chronik vom 30. Januar 2005

Michel Polacco:
Michel Serres, in dieser Woche des Gedenkens der Greuel von Auschwitz und somit der Hommage an Millionen Tote des letzten Weltkrieges, an die Toten in sowjetischen und anderen Lagern, in der Woche, in der die Zahl der Opfer des Tsunamis dreihunderttausend erreicht, erkennen wir auch, dass wir jeden Tag vom Tod umgeben sind. Der Tod von Jacques Villeret, am letzten Freitag, oder von uns Nahestehenden erinnert uns unaufhörlich daran. All unsere Gesellschaften konstituieren sich um den Tod herum und über einen bestimmten Umgang mit den Toten. Genau dies charakterisiert die Menschheit gegenüber der Tierwelt: die Zivilisation. Beerdigungen, Zeremonien, Friedhöfe, Riten, Wiederauferstehungen, Reinkarnationen, Schmerz… Das wird seit der Profanierung der Beisetzungen immer wichtiger. Gebräuche, die an die ersten Hominiden erinnern. Die Beziehung zum Tod hat sich in unseren modernen Gesellschaften verändert.

Michel Serres:
Wir sind zu den Menschen, die wir sind, geworden, als wir

uns gewahr wurden, dass wir sterben werden. Der Tod ist gleichzeitig unser Ende und unser Ursprung. Ich verstehe die Menschwerdung als schrittweise Entdeckung des Todes; so weit man auch in die menschliche Vergangenheit zurückgeht, in die Geschichte, in die Vorgeschichte, dreht sich alles, was wir über sie erfahren, um Bestattungen, Beisetzungen und Beerdigungsriten. Der Tod ist zwar unser Schicksal, aber er ist auch unser Ursprung als menschliche Wesen. Er ist unser Ursprung als Individuen und er ist unser kultureller Ursprung; jede Kultur unterscheidet sich von anderen je nach der Besonderheit der Bestattungen, der Beerdigungsriten oder manchmal auch der Klagelieder, die die Trauer begleiten. Selbst der Ursprung der Sprachen geht auf das zurück, was sich rund um den Leichnam abspielt, die Schreie und Gesänge der Frauen…

… man entwickelt die Sprache…

Das Begraben ist ein grundlegender Akt; ich wähle dieses Wort nicht zufällig, denn das »Gründen« verlangt das Aufgraben der Erde. Ein Gebäude zu gründen, bedeutet, den Boden für das Fundament auszugraben. Ich möchte daher folgende Frage stellen: »Was ist ein Haus?« Unsere griechisch-lateinische Antike baute die Siedlungen neben den Gräbern der Vorfahren; in den Häusern der Antike gab es Haus-, Schutz- und Familiengötter, die den Ahnenkult fortsetzten. Ich würde sogar sagen, dass die Grabinschrift »hier ruht« keineswegs bedeutet, dass hier der Leichnam von jemandem ruht, sondern dass dieser Ort hier sich nur definieren lässt, wenn dort ein Körper ruht. Der ganze

Raum wird durch die Verteilung von Gräbern bestimmt. Als Romulus Rom gründet, zieht er mit dem Pflug eine Furche für die Stadtmauern; dann überquert Remus, sein Bruder, diese Furche. Um ihn für diese Entweihung zu bestrafen, tötet Romulus Remus und begräbt ihn in eben dieser Furche. Rom gründet somit auf einem Leichnam. Und das christliche Rom gründet auf dem Leichnam des Heiligen Petrus. Der ganze Raum Frankreichs wird ausgehend vom Arc de Triomphe bestimmt, wo das Grab des Unbekannten Soldaten liegt. Die Metropole beginnt mit der Nekropole. Das gilt für die Häuser, für die Städte, für die Länder und für die Institutionen.

Der Tod und das Danach, das man nicht kennt?

Selbst die Universität in Amerika, an der ich lehre, steht auf dem Grab von Stanfords Sohn, der jung gestorben ist. Es liegt auf dem Campus. Ich formuliere Ihre Frage um: Hat unsere gegenwärtige Geschichte, unsere gegenwärtige Zeit diese Tradition vergessen? Die Antwort lautet in gewisser Weise: ja. Alle glauben heute, dass wir den Tod vergessen; alle sagen, dass wir ihn verdrängen und zurückweisen. Obwohl die Medien nur vom Tod sprechen, obwohl man morgens, mittags und abends nur von Toten spricht! Aber ich wollte Ihnen eine ganz andere Antwort geben als diese überkommenen Klischees. Also: Man hat den Tod nicht heute vergessen, sondern vor zweitausend Jahren. Wann hat sich die auf den Tod gegründete Zivilisation verändert? Sie hat sich an einem Sonntagmorgen geändert. An diesem Tag liefen zwei Frauen, die Gefäße mit aromatischen

Salben trugen, ganz früh, noch vor dem Sonnenaufgang, zu dem Grab, in dem am Freitagabend Jesus Christus beigesetzt worden war. Das war der Ostermorgen. Als sie außer Atem am Grab ankommen, sehen sie, dass der Stein beiseite gerollt ist; sie betreten das Grab und finden es leer vor, im Hintergrund liegt das zusammengefaltete Grabtuch. Dass die Salben und die Binden nutzlos werden, bedeutet, dass man keine Mumifizierung mehr vornehmen wird. Von diesem Moment an ändert sich die Zeit, ändert sich der Raum, denn die Gräber sind leer, es gibt keine Leichname mehr, es gibt keine Toten mehr. Lasst die Toten die Toten begraben… Auf die Kultur des Gedenkens folgt die Kultur des Vergessens. Das heißt, des Lebens. Die Weisen unter den Weisen sagen: »Denkt an das Leben und nicht an den Tod.«

Und der Realismus beginnt, das Heilige auszulöschen.

Das Heilige realisiert sich im und durch den Tod. Durch die Erinnerung an den Tod. Die christliche Ära sagt das Gegenteil; sie lehnt den Tod ab, sie lehnt das Heilige ab; hält die Heiligung fest und lehnt das Heilige ab; respektiert das Leben, nicht den Tod. Hier kehrt die Geschichte sich um. Ob wir es wollen oder nicht, wir sind nicht mehr die Erben von Bestattungskulturen oder Ahnenkulten; ob wir es wollen oder nicht, wir bleiben die Erben dieses Moments, in dem wir den Tod als Ursprung abgelehnt haben. Er ist immer noch unsere Bestimmung, aber er ist nicht mehr unser Ursprung.

Ist die Zahl der Toten heute vielleicht geringer als die der Lebenden?

Auguste Comte hat im 19. Jahrhundert zu recht gesagt: »Die Menschheit besteht aus mehr Toten als Lebenden.« Und das war damals wahrscheinlich richtig. Ich weiß nicht, ob Comtes Berechnung heute durch die Bevölkerungsexplosion widerlegt wird. Man müsste sie noch einmal machen. Es gäbe also eine neuerliche Umkehrung der modernen Ära: Die Menschheit besteht aus mehr Lebenden als Toten.

Seit den Anfängen der Menschheit haben fast sechs Milliarden Menschen das Licht der Welt erblickt und sind gestorben; heute leben mehr als sechs Milliarden Menschen auf der Erde...

Abgesehen von dieser Berechnung versuche ich, die Funktion des Todes für die Menschen zu begreifen. Die Menschwerdung hat vielleicht mit dem Bewusstsein begonnen, dass wir sterben werden; sie hat eine andere Richtung eingeschlagen, als wir ihn – willentlich, frei und von Hoffnung getragen – mit Bedacht vergessen haben.

Die Todesstrafe
Chronik vom 15. Oktober 2006

Michel Polacco:
Sprechen wir diesen Sonntag über die Todesstrafe, ein Thema, das seit fünfundzwanzig Jahren aus den Zeitungen verschwunden ist. Wir feiern dieses Jahr den Jahrestag der Abschaffung der Todesstrafe, die von Präsident Mitterand und Robert Badinter durchgesetzt wurde. Die Abschaffung wurde am 9. Oktober 1981 verkündet, und zwar, wenn man den Umfragen trauen darf, gegen die Mehrheit der öffentlichen Meinung. Die Anhänger der Todesstrafe behaupteten, sie sei notwendig wegen ihres exemplarischen Charakters. Michel, meinen Sie, dass dieses Datum einen Bruch in der Geschichte der französischen Gesellschaft darstellt?

Michel Serres:
Ich neige dazu zu denken, dass eine Gesellschaft, die ihre Haltung, ihr Verhalten und sogar ihre Entscheidung in Bezug auf den Tod – den Tod im Allgemeinen, ganz gleich, ob es sich nun um das Menschenopfer, den Krieg, gerichtliche Strafen oder das Töten im Allgemeinen handelt – ändert, einen großen Fortschritt macht. Nicht nur in der Rechtsprechung, nicht nur in der Moral, nicht nur in der

Geschichte und in der Politik, sondern im allgemeinen Prozess der Menschwerdung...

Fortschritt oder Evolution?

... in dem Prozess, der bewirkt, dass wir allmählich zu den Menschen werden, die wir noch nicht gewesen sind. Wir sind immer ein wenig Tiere gewesen, die dem Gesetz des Dschungels gehorchen; allmählich werden wir zu Menschen...

Aber ist die Todesstrafe nicht der Ausdruck einer Rechtsprechung, einer Rechtsprechung des Menschen, des Gesetzes und somit einer gewissen Zivilisation gewesen?

Nein, ich möchte das Problem ersetzen, nicht in der Geschichte, nicht in der Geschichte der Rechtsprechung, und auch nicht in der Geschichte der Ideale, der Moral, sondern in dem grundlegenden Prozess, der uns zu den Menschen macht, die wir sind. Und folglich soll Robert Badinter, von dem Sie gesprochen haben, von dem das letzte Buch gegen die Todesstrafe veröffentlicht wurde, soll Robert Badinter heute der Gegenstand einer ihm gebührenden Hommage sein.[13] Denn sein Werk ist prophetisch. Die Juden hätten ihn »gerecht« oder »prophetisch« genannt, die Christen »heilig«, die Laizisten »weise«. Sein Werk hat unsere Gesellschaft im Sinne der Menschwerdung voranschreiten lassen. Nicht nur im Sinne der Menschlichkeit,

---

[13] Robert Badinter, *L'Abolition*, Paris 2000. (A.d.Ü.)

sondern im Sinne der Menschwerdung. Deshalb lasse ich die juristischen, moralischen, politischen, etc. Argumente beiseite. Zwei Argumente interessieren mich mehr als die anderen. Woraus ist die Philosophie entstanden? Aus dem Vertrauen auf die Vernunft. Die Philosophie wurde beim Tod des Sokrates geboren. Sokrates, der Philosoph, wurde zum Tode verurteilt, und er hat die Todesstrafe trotz ihrer Ungerechtigkeit akzeptiert. Die Philosophie wurde auf dieser Ungerechtigkeit gegründet, auf diesem Tod...

... auf dieser Reflexion...

Das andere Argument ist religiös oder theologisch. Ich glaube, dass die christliche Ära mit einem ähnlichen Tod begann: mit dem ungerechten Tod von Christus. Wenn man sagt, dass Christus auf dem Golgatha-Hügel gestorben ist, um die Sünden der Welt zu sühnen, sagt man ganz einfach und ohne es zu wissen, dass er der letzte in der Geschichte war, der zum Tode verurteilt wurde. Dieser Tod hat offensichtlich die Todesstrafe abgeschafft. Wenn die christliche Ära einen Sinn hat, dann diesen. Religiös gesehen, ist die Todesstrafe seit zweitausend Jahren abgeschafft.

Mehr als siebzig von über hundertachtzig Ländern verhängen noch die Todesstrafe. Sind diese Länder unzivilisiert?

Wir haben das Glück, zu einer Gesellschaft zu gehören, die diesen grundlegenden Fortschritt gemacht hat. Und das lohnt die Mühe, in einem zweiten Schritt zu fragen: Was bleibt jetzt auf dieser Ebene zu tun? Sie haben recht, wenn

Sie sagen, dass es einundsiebzig oder vierundsiebzig Länder – das hängt davon ab, wie man zählt – gibt, in denen sie noch ihr nutzloses Schreckensregiment ausübt. Man müsste sie in der Tat bekämpfen. Damit es auf der ganzen Welt oder in allen Mitgliedsländern der Vereinten Nationen keine Todesstrafe mehr gibt. Man müsste diese Abschaffung allgemein verbreiten.

Es gibt Leute, die Vorbehalte haben. In den USA ist die Todesstrafe sogar wieder eingeführt worden. Was halten Sie davon?

Der Kampf geht weiter. Nicht damit zufrieden, dass wir die Todesstrafe in unserem eigenen Land abgeschafft haben, müssen wir jetzt dafür kämpfen, dass sie auf der ganzen Welt abgeschafft wird.

Ist das Ihre persönliche Meinung?

Nein, das ist nicht nur eine Meinung, die mich aus moralischer Sicht berührt und für die ich aus politischer oder religiöser Sicht kämpfe. Ich mache eine anthropologische Feststellung. Außerdem ist die Todesstrafe nicht nur eine gerichtliche Strafe. Man muss sie anders denken. Es gibt mehrere Arten von Tod. Es gibt den individuellen Tod, es gibt auch den kollektiven Tod. Die Zivilisationen sind manchmal sterblich, wie Sie wissen… Wir haben in den Jahren von 1942 bis 1945 Atomwaffen erfunden, die die Todesstrafe auf die ganze Gattung ausdehnen können. Auch hier muss man die Abschaffung beschließen. Und was soll man zu den Unterschieden zwischen den Ländern der dritten und vierten Welt und unserer Welt sagen, und zur sehr unterschiedlichen Lebenserwartung? Auch hier muss man von Todesstrafe sprechen. Und zum Krieg, der die Todesstrafe über die Söhne und nicht über die Väter verhängt? Auch hier muss die Todesstrafe abgeschafft werden. Sie sehen, ich verallgemeinere. Und ich schließe mit der Strafe, zu sterben. Denn man muss auch die Strafe, zu sterben, bekämpfen. Die Strafe ist nicht nur eine Bestrafung, sondern bedeutet auch Leid. Wenn die Ärzte in den Krankenhäusern Palliativstationen einrichten, lindern sie die Strafe, zu sterben. Ich bekämpfe die Todesstrafe im Sinne dieser Verallgemeinerung, dieser Universalisierung. Wir machen Fortschritte bei der Menschwerdung, wenn wir uns beim Thema des Todes entscheiden. Im Grunde hat der Mensch, seitdem er geboren wurde, seitdem er aus den Tieren hervorgegangen ist, immer gegen den Tod gekämpft, getrieben vom Wunsch nach Unsterblichkeit. Wir werden zu Menschen, weil wir wissen, dass wir sterben müssen und es nicht wollen.

Obamas Musik
Chronik vom 2. November 2008

Michel Polacco:
In zwei Tagen werden die amerikanischen Wähler ihr Urteil fällen, und da Sie gerade in den USA sind, um Ihre traditionellen Vorlesungen an der Stanford-Universität zu halten, wollen wir ein bisschen über dieses Land und diesen Kontinent sprechen. Was die Wahl betrifft, so ist alle Welt in großer Aufregung. Und dieses Mal sogar noch mehr als sonst, denn – abgesehen von dem Katholiken Kennedy – sind die Amerikaner kurz davon, von einer Minderheit vertreten zu werden. Mit der Kandidatur von Hilary Clinton hätte das eine Frau sein können. Nun scheint ein Mann die besten Aussichten zu haben, ein schwarzer und junger Mann. Was für ein Weg wurde zurückgelegt in einem Land, in dem 1968 Martin Luther King ermordet wurde und in dem die Konfrontation zwischen den verschiedenen Bürgergruppen mit einer Aufnahmebereitschaft einhergeht, die man als außergewöhnlich bezeichnen muss.

Michel Serres:
Die Hauptfrage ist, ob dieser Weg bereits zurückgelegt wurde oder ob er noch zurückgelegt werden muss. Man

hat schon vieles über Barack Obama gesagt. Man hat von seiner Jugendlichkeit gesprochen, von seinem Charisma und davon, dass er zur Minderheit der Schwarzen in den Vereinigten Staaten gehört. Ich glaube, zum Thema der Minderheiten ist alles gesagt. Ich will dazu nur eines sagen. Etwas, worüber ich schon viel gesprochen habe, auf dem ich aber dennoch beharren möchte: Mir geht die Frage »Wer wird gewinnen?« allmählich auf den Geist. Diese Frage, an der die moderne Welt sich berauscht, die die Politik auf ein Spektakel reduziert und die bewirkt, dass der Wahlkampf zweieinhalb, sprich drei Jahre gedauert hat! Fast genauso lang wie die Amtszeit. Aus zeitlicher, beziehungsweise finanzieller Sicht hat man Vermögen für eine Regierungszeit ausgegeben, die vier Jahre dauern wird und die in ihrem letzten Jahr oder in ihren letzten zwei Jahren wieder durch die Frage »Wer wird den nächsten Wettkampf gewinnen?« erschüttert werden wird. Das Spektakel ist wichtiger als die Sache, die Frage »Wer wird gewinnen?« ist wichtiger als das Programm. Das bedaure ich wirklich. Und wenn Sie mich fragen, wer gewinnen wird, dann geht mir das ziemlich auf den Geist.

Ich möchte natürlich nicht, dass Sie das Risiko eingehen, recht zu haben!

Ich habe zu Anfang auf McCain gewettet. Heute zeigt sich, dass die Wirtschaftkrise tendenziell Barack Obama begünstigt hat. Doch ich halte daran fest, dass es, trotz seines Vorsprungs bei den Umfragen, nicht völlig sicher ist, dass Obama gewinnt: vielleicht wird der Weiße McCain im letzten Moment entgegen den Umfragen siegen. Das ist die Wette, die ich halte, aber ich kann mich täuschen. Ich sage dies ganz objektiv, denn ich kenne die Vereinigten Staaten recht gut, und was zählt, ist das »traditionelle« Amerika im mittleren Westen und nicht das sachkundige Amerika der Universitäten im Osten, in Chicago und im Westen. Wichtig ist die Mitte. Wo es gewissermaßen die meisten und die konservativsten Wähler gibt. Lassen wir also die Frage »Wer wird gewinnen?« beiseite. Ich möchte lieber über etwas sprechen, von dem nie die Rede ist: über die Rhetorik. Ich höre Barack Obama seit langer Zeit zu. Ich möchte einfach sagen, wie eloquent er ist. Politische Eloquenz ist in unseren Gesellschaften schon seit langem abhanden gekommen. Wer ist heute eloquent? Barack Obama. Wir Staatsbürger sind der Sprache beraubt. Der schönen Sprache. Wir hören nur noch graue Informationen, flach, nichtssagend, dämlich, idiotisch, ständig wiederholt, etc. Keiner hat mehr die eloquente Tradition der Politiker früherer Zeiten. Doch das Volk, zu dem ich gehöre, bewundert diese Musik. Obama hat in gewisser Weise eine Eloquenz, er hat eine Rhetorik, er hat das, was man einst *Numerus*, rednerischen Wohlklang nannte: Die Sprache wird so verwendet, dass sie von einer bestimmten Art von Musik getragen wird. Obama hat diese Musik, er hat diese Sprachbegabung, diese Rhetorik, die bewirkt, dass er die Zustimmung der Leute bekommt, die ihm zuhören. Das ist in gewisser Weise veraltet, nicht so modern. Er knüpft an die große Tradition der Rhetoren der Antike an. Man glaubt Cicero zu hören, man glaubt die antiken Redner zu hören.

Und er verwendet die englische Sprache mit einem Feingefühl, das die Leute mitreißt.

Für Sie ist die Form wichtiger als der Inhalt...

Obama hat aber noch mehr zu bieten. Natürlich hat er einen Inhalt, ein Programm. Natürlich hat er eine Rhetorik. Aber er hat vor allem einen sprechenden Körper. Auch wenn Sie nichts hören, werden Sie von seinem von der Sprache bewohnten Körper verführt. Von seinen Armen, seinen Schultern, seiner Körperhaltung. Er knüpft hier an die Aoiden an, die alten Sänger, vielleicht sogar an die afrikanischen Geschichtenerzähler und Beschwörer. Deshalb bewundere ich ihn: Er hat sozusagen den alten Politiker und Rhetor wiedererfunden. Wenn ich die heutigen Politiker höre, die nicht mehr reden können, fühle ich mich genauso wie Michelangelo vor der Statue des Moses, der ihr den Meißel an den Kopf wirft und ruft: »Nun sag doch endlich was!« Und Barack versteht es, zu sprechen. Wenn er gewinnt, dann deshalb!

Der *Messias* von Händel
Chronik vom 20. März 2011

Michel Polacco:
Diese Woche wollen wir über den Messias *von Händel sprechen. Wir sind mitten in der Fastenzeit, die in der christlichen Religion sehr wichtig ist. Wie ist Händel dazu gekommen, das Thema des* Messias *zu komponieren?*

Michel Serres:
Das ist eine ganz ungewöhnliche Geschichte. Sie geschieht im Jahr 1741. Also vor fast 300 Jahren, und in ihr geht es tatsächlich um Händel, der ein außergewöhnlicher Mann ist, da er von seiner Geburt her Deutscher ist, Italiener der Ausbildung nach und als Engländer stirbt. Viele Leute waren damals wie er sehr europäisch. Es war das Zeitalter der Aufklärung, und mit vierzig Jahren hatte dieser Mann – der durch seine *Wassermusik* bereits sehr berühmt geworden war – schon ein gutes Dutzend Opern komponiert: *Rinaldo*, *Scipione*, *Theseus*, etc. Und einige von ihnen werden noch heute auf unseren Bühnen gespielt. Die Pariser Oper hat mehrere Aufführungen des *Julius Caesar* von Händel inszeniert. Und er ist nicht nur Europäer, was die Staatsbürgerschaft, die Sprache oder die Kultur betrifft,

sondern auch was die Religion angeht. Sie haben ja eben die Religion angesprochen. Er ist von seiner Geburt her Lutheraner, er wurde in die katholische Religion eingeführt, als er in Italien war, und er taucht in den Anglikanismus ein, als er in England ist. Und so komponiert er in einer Art von friedlichem Ökumenismus Oratorien zu biblischen Themen. Er schreibt verschiedene Oratorien: *Esther*, *Deborah*, *Saul* oder *Israel in Ägypten*.

In der damaligen Zeit gab es ein echtes Europa der Kultur, der Sprache – übrigens der französischen Sprache – und natürlich auch der Musik. Und 1737, als diese Geschichte beginnt, ist Händel 52 Jahre alt. Sein Diener, der sich in der unteren Etage aufhält, hört das Geräusch eines gewaltigen Sturzes. Er läuft schnell hinauf, und was sieht er? Er sieht Händel, der auf dem Boden liegt und einen Schlaganfall hat. Er ruft sogleich den Arzt herbei, der, wie damals üblich, einen Aderlass macht und feststellt, dass der Patient sich nicht mehr bewegen, nicht mehr arbeiten und natürlich auch nicht mehr komponieren kann. Damals war nicht nur der Aderlass in Mode, sondern auch Wasserkuren. Man schickt ihn nach Aachen, um Wasser zu trinken, und er kehrt mehr oder weniger gelähmt zurück, mehr oder weniger pleite, und die Ereignisse in London entwickeln sich ungünstig. Das heißt, es gibt einen schrecklichen Winter, die Themse gefriert. Die Theater werden geschlossen, denn damals gab es keine Heizungen. Und somit verliert er seinen Broterwerb. Er ist also nicht nur krank und nicht nur in einer finanziellen Klemme, er liegt quasi im Sterben.

Und eines Morgens, im Jahre 1741, trägt sich die Geschichte zu, die ich erzählen will. Eines Morgens erhält er einen Brief, eine Art Päckchen, und der Absender ist Charles Jennens, ein Mann, der bereits für ihn gearbeitet und auch Libretti für seine Oratorien geschrieben hat: *Israel in Ägypten*, u.a.. Und da erhält Händel ein Libretto, das er sich anschaut, obwohl er zu der Zeit in einer sehr schlechten Verfassung ist. Er schlägt es auf, legt es beiseite, schlägt es erneut auf, etc. Und plötzlich blickt er auf die erste Seite und sieht dort »Tröste dich«, und auf der zweiten Seite steht »Der Engel des Herrn ruft dich«. Daher glaubt er gewissermaßen, dass dieser Text sich auf ihn bezieht, und liest ihn von vorn. Das war das Libretto, das zum *Messias* wurde, und man erzählt, dass in diesem Moment so etwas wie ein kleines Wunder geschah.

Ach ja, ich habe vergessen, Händel zu beschreiben. Denn Händel war dick, Händel war groß, Händel war beleibt, Händel war stark, Händel war kräftig, und man bezeichnete ihn als Riesen. Die Leute in seiner Umgebung nannten ihn den Riesen. Er war so riesig, dass sein Diener ihn nicht hochheben konnte, als er den Schlaganfall hatte. Selbst zusammen mit dem Arzt konnte er ihn nicht hochheben. Anscheinend hat ihn der Schlaganfall nicht völlig bewegungsunfähig gemacht. Er konnte mehr oder weniger gut gehen. Man erzählt, dass Händel sich, als er diesen Text las, an den Tisch setzte und mit seiner etwas beweglicheren Hand zu komponieren begann, und nicht nur zu komponieren, man sagt auch, dass er zu singen begann. Er ging mit Riesenschritten durch das Zimmer und soll sogar getanzt haben. Und in weniger als zwanzig Tagen hat dieser Mann, der wenig aß, noch weniger schlief, etc. – er wurde von einem immer stärkeren Kompositionsrausch erfasst, und später sagte er »ich war noch nie in einem derartigen Maße inspiriert« – also, in zwanzig Tagen hat er Hunderte von Seiten für das Orchester, den Chor, die Soli... für die Tenöre... geschrieben, und der *Messias* war geboren. Und ich möchte, dass Sie sich diesen Satz zu Herzen nehmen: »der Messias war geboren«, denn ich glaube dass diese Geschichte, auch wenn sie mit großem Pathos erzählt wurde und ein wenig erfunden wirkt, obwohl sie aus der Sicht der Zeit wahr ist, ein echtes Geheimnis enthält.

Das Geheimnis ist folgendes: Sie erinnern sich, dass ich Händels Körper als einen unbeweglichen Körper beschrieben habe, der plötzlich beweglich wird. Nun, dieser riesige gelähmte Körper, der plötzlich beweglich, behände und flink wird, wird von Musik durchflutet, um Musik zu produzieren. Man hat den Eindruck, dass der Körper in diesem Moment die Musik verkörpert. Ein Intellektueller erzählt Ihnen immer, was er weiß, was er gelernt hat, aber ein Schöpfer ist ein Schöpfer durch den Körper und mit dem Körper. Es ist der Körper, der erfindet; es ist der Körper, der komponiert; es ist der Körper, aus dem die Musik hervorsprudelt. Händel ist verkörperte Musik. Und wovon spricht er, über was komponiert er? Er komponiert eben gerade über die Inkarnation, über die Fleischwerdung des Gottes Israels. Und plötzlich ist Händel Körper gewordene Musik, Fleisch gewordene Musik, verkörperte Musik. Und was den Messias angeht, dieses verkörperte Wort, dieses Fleisch gewordene Wort, so mussten sie sich einfach begegnen. Sie sind sich begegnet, körperlich, leiblich. Zwei Schöpfer sind sich hier begegnet, zwei Inkarnationen, in Fleisch und Blut, göttlich musikalisch.

Die Berliner Mauer
Chronik vom 1. November 2009

Michel Polacco:
Heute wollen wir über die Mauer sprechen. Anlass ist der 9. November, der Tag des berühmten Falls der Mauer von Berlin, das Ende einer tragischen Geschichte, die fast dreißig Jahre gedauert hat, das Symbol eines kalten Krieges, der fast fünfzig Jahre gedauert hat, das Zeichen der Zweiteilung des früheren Nazi-Deutschlands und der Brennpunkt der Streitigkeiten zwischen den westlichen Ländern und den Ländern des Warschauer Pakts im Osten. Das kommunistische Regime ist zuerst in Russland zusammengebrochen, dann in den Satellitenstaaten, die Grenzen haben sich der Freiheit geöffnet, die Schandmauer wurde niedergerissen – wir haben Bruchstücke dieser Mauer gesammelt, wie Mondsteine. Die Mauer von Berlin: ein Symbol, und sie ist sicherlich nicht die einzige Mauer, an die Sie denken, Michel.

Michel Serres:
Seit dem Niederreißen dieser Mauer wurden viele andere errichtet, insbesondere zwischen den Vereinigten Staaten und Mexiko und zwischen Israel und Palästina. Folglich

stellt sich die Frage: Wozu dienen Grenzen inmitten der Globalisierung?

All das hat mit der Großen Mauer in China begonnen.

Das ist richtig. Alle Städte waren von Mauern umgeben. Wir Menschen, wir teilen uns auf in Stämme, Lebensweisen, Nationen, Kulturen, Sprachen, politische Systeme, Religionen, und wir schließen uns gern ein, um unter uns zu bleiben. Teilt sich die Natur in der gleichen Weise auf? Es gibt zwei Antworten auf diese Frage, die beide gleichermaßen interessant sind. Die erste lautet nein, die Natur teilt sich nicht auf: der Wind weht überall, er überwindet die Grenzen, so wie der Regen, der Schnee, Meteore, etc. Und die Anziehungskraft ist überall gleich. Die Gesetze der Physik sind universell, sie kennen keine Grenzen. Ganz gleich, ob in China oder auf dem Mond, die Anziehungskraft gilt; es gibt keine Mauer. Aber es gibt das Leben. Und das Leben hat tatsächlich Mauern. Die Zellen haben Membranen, die Bäume haben Rinden, die Fische haben Schuppen, die Muscheln haben Schalen, und Säugetiere wie wir haben eine Unter- und eine Oberhaut. Es gibt eine Hülle, ganz allgemein gesagt: die Haut. Warum?

Um sich zu schützen.

Der Organismus schütz und verteidigt sich. Doch wie hart die Muschelschale auch ist, wie hart die Schuppe ist, wie auch immer die Undurchdringlichkeit der Membrane beschaffen ist, es gibt immer Türen. Sie schließen sich ein, aber es gibt Öffnungen.

Es gibt Durchgänge.

Weil es einen Austausch gibt. Denn das Leben unterstützt die Öffnung, das heißt den Austausch. Verteidigung, gewiss, aber dennoch Austausch. So gab es rund um die Städte Tore und…

… Zugbrücken.

Sie haben von der Chinesischen Mauer gesprochen, aber man könnte auch von den Mauern alter Städte wie Carcassonne oder Richelieu sprechen, wo es noch Reste dieser Umfassungsmauern gibt – die mit Toren versehen sind. Und nach und nach haben sich die Städte geöffnet und ihre Verteidigungsanlagen niedergerissen. Das Gleiche gilt für das Leben, das sich nach und nach von den Gigantostraken in Richtung Säugetier entwickelt hat: das Harte ist schließlich innen und nicht mehr außen. Trotzdem haben wir Menschen immer die Neigung, einzuschließen. Man stelle sich nun vor, was eine Schachtel ist: vier Wände, ein Boden und eine Decke. Wo sind wir in diesem Moment, Michel Polacco?

In einer Schachtel.

Ich glaube, dass die Gesellschaft gut verschlossene Schachteln liebt. Ich komme daher zu folgender Frage: Was tut die

Gesellschaft in Schachteln? Sie steckt Tomaten und Melonen in Gewächshäuser, Verbrecher ins Gefängnis, Hühner in Käfige, Soldaten in Kasernen und Kasematten, Kühe in den Stall, Schweine in Mastanlagen, Kinder jeden Alters in die Schule und in die Bibliothek, gut eingeschlossen mit ihren Lehrern, sie steckt Frauen ins Haus (jedenfalls meistens, in bestimmten Kulturen), Goldfische ins Aquarium, Kranke ins Krankenhaus, wilde Tiere in den Zoo, Wissenschaftler in Labore, Arbeiter in die Fabrik, Angestellte ins Büro, Leichen in Särge, Champions in Fitnessstudios, Reisende in Autos, Eisenbahnwagons oder Flugzeuge, Huren in Bordelle, Phänomene in Begriffe, Ideen in Theorien, und Nachrichten ...? Auf France-Info, gut verpackt, ständig wiederholt, in Radios und Fernsehern, die weitere Schachteln sind. Sprich, die Gesellschaft liebt Schachteln, wir leben in Schachteln, wir gehen von einer Schachtel in die andere. Das macht mich wahnsinnig: wir leben in Gefängnissen, in denen wir ständig im Kreis laufen. Das ist verrückt, nicht wahr? Diese Verteidigung ist wahrscheinlich das Archaischste auf der Welt. Der Beweis dafür ist, dass in der Geschichte der Städte die Mauern niedergerissen werden.

Um wieder auf die Berliner Mauer zurückzukommen...

Das Problem ist nicht, des Falls der Berliner Mauer zu gedenken, sondern darüber nachzudenken, dass die Mauern, die seitdem errichtet worden sind, ihrerseits abgerissen werden müssen. Die Geschichte zeigt, dass es das Niederreißen von Mauern ist, das in die Zukunft führt. Es gab am Eingang der Städte Schranken und Mauern, die schwer zu überwinden waren. Doch die Geschichte der Städte hat gezeigt, dass es den Städten mit der Öffnung der Mauern besser ging und dass sie zu größerer Blüte gelangten. Die Zukunft ist der Friede.

Leuchttürme
Chronik vom 3. Februar 2008

Michel Polacco:
Diese Woche wollen wir von Leuchttürmen sprechen. Keine Seefahrt ohne Leuchttürme oder Funkfeuer: sie markieren und schützen unsere Küsten. Keine Woche, in der nicht einem Schiff geholfen oder ein Schiff geleitet wird. Manche Namen haben sich in unserem Gedächtnis festgesetzt: La Jument, Cordouan, Penmarch, La Vieille, Les Sanguinaires... Was für eine wunderbare Erfindung, die wie die Sterne leitet und beruhigt. Eine Erfindung, die früher, vor der Automatisierung, Wächter hatte. Die Leuchttürme haben ihre Form und ihre Signale geändert, aber wir verwenden sie überall, auf dem Meer und auf dem Land. Sie, als Seemann, wissen, dass sie nicht erloschen sind.

Michel Serres:
Sie sind nicht erloschen. Sie stehen immer noch zu unserer Verfügung. Ich möchte zunächst sagen, dass das französische Wort *phare*, Leuchtturm, kein Gattungsname, sondern ein Eigenname ist. Es bezeichnete einst eine Insel vor Alexandria, Pharos. Auf dieser Insel wurde, zumindest der Legende nach, der erste große Leuchtturm der Antike

gebaut, der Leuchtturm von Alexandria, der, wie Sie wissen, zu den Sieben Weltwundern gehörte. Das ist also eine sehr alte Geschichte, da sie aus der Zeit vor Jesus Christus stammt. Aber seltsamerweise wird in allen Geschichten von Leuchttürmen ihre Bauzeit sehr viel später angesetzt. Man hat den Eindruck, dass es zwischen der Antike…

… den Griechen und Römern, den Ägyptern…

… und den Zeitpunkten, die ich eben erwähnt habe, eine riesige Lücke gibt, die sich aus Gründen erklären lässt, die ich kaum zu nennen wage. Wissen Sie zum Beispiel, dass die britische Marine im 18. und 19. Jahrhundert zwei bis drei Schiffe pro Tag verloren hat!? Das kann man in den Aufzeichnungen der Versicherungsgesellschaften nachlesen. Wir haben in einer Zivilisation der Unsicherheit gelebt!

Und des Schiffbruchs!

Man hat sich wenig um das Leben der Menschen gekümmert. Die Seeleute wurden in Kneipen rekrutiert und mehr oder weniger zur Seefahrt gezwungen. Das Auftauchen der Leuchttürme in den 1870er Jahren bezeichnet gewissermaßen den Beginn der Zivilisation der Sicherheit. Man wurde sich gewahr, dass so viele Schiffbrüche, so viele Verluste auf See nicht nur ökonomisch kostspielig waren, sondern auch bedauerlich, was Menschenleben anging. Das Auftauchen der Leuchttürme ist zugleich ein humanitäres und ein kulturelles Signal.

Entspricht das nicht auch einer Entwicklung des Handels und der Technologien?

In der Antike war der Handel enorm. Im 15. Jahrhundert, in der Epoche Venedigs, kam der Handel im gesamten Mittelmeerraum zu seiner höchsten Entfaltung.

Und wann wurden sie in Betrieb genommen?

Les Pierres Noires 1871, Du Four 1874, Thévennec 1875. Das war fast alles bis 1911 und La Jument 1916.

Man hat ein Netz gebaut...

... rund um die Küsten, gleichzeitig am Mittelmeer und am Atlantik. Und man veröffentlichte ein Buch, das ich sehr geschätzt habe, als ich zur See fuhr: *Feux et signaux de brume*. [Leuchtfeuer und Geräuschsignale]. Serie A: Atlantik; Serie B: Mittelmeer. Ich habe diesen Titel so sehr bewundert, dass ich ihn einem meiner Bücher gegeben habe: *Feux et signaux de brume, Zola.* Und ich bereite sogar ein zweites vor: *Feux et signaux de brume, Virginia Woolf. To the Lighthouse (Zum Leuchtturm)* ist ein ganz außergewöhnlicher Roman. Es gibt zwei Arten von Leuchttürmen: Die einen stehen weit draußen auf Inseln im Meer, schon fast in der Hochsee. Und die anderen wurden an Land gebaut: Île Vierge und Créac'h, der bei Ouessant steht. Man unterscheidet auch Leuchttürme mit festen Feuern und Leuchttürme mit beweglichen Feuern – mit Beleuchtung und mit Verdunklung. Die Feuer haben sich mit den Linsen weiterentwickelt, und dann sind die Leuchttürme automatisiert worden. Nach und nach sind die Leuchtturmwächter, die ich sehr geliebt habe – ich grüße sie, wenn sie mich hören –, verschwunden.

Das war ein schöner Beruf.

Ich kannte den Wächter von Créac'h, ich kannte den von Île Vierge. Einmal habe ich sogar einen Brief von einem Wächter bekommen, in dem stand: »Ich habe alles gelesen, was Sie geschrieben haben, denn ich hab ja Zeit genug.« Ich habe öfter solche Briefe bekommen, von U-Boot-Fahrern oder Leuchtturmwächtern. Manche Wächter waren ganz hervorragende Leute, die ab und zu ihr Leben riskiert haben: bei Kéréon konnte man nicht anlegen, deshalb wurde ein Seil rübergeworfen.

Das Gefährlichste war die Ablösung!

Ja, man musste mit einer Art Gondel übersetzen.

Und manchmal kam es vor, dass man sie sehr lange nicht abgelöst hat.

Das war ganz außergewöhnlich. Ich erinnere mich sehr gern an die letzten Leuchtturmwächter. Dann waren sie plötzlich verschwunden. Ar-Men wurde 1990 geschlossen, La Jument 1991, Les Pierres noires 1992, Le Four und La Vieille 1993 und 1995. Ein anderer großer Moment, vorher, als ich noch bei der Marine war: ihre Mechanisierung. In einer früheren Chronik haben wir über die Codierung und die Kassen in den Supermärkten gesprochen. Auch hier hat die Codierung die menschliche Präsenz ersetzt. Am Ende des 20. Jahrhunderts wurden alle Leuchttürme elektronisch gesteuert.

Andere Signale haben die Leuchtturmwächter ersetzt.

Frankreich, wo die Politik und auch die Bevölkerung dem Meer seit Jahrhunderten den Rücken zugekehrt haben, sollte dennoch wissen, dass 80% der Dinge, die uns umgeben, über das Meer zu uns gekommen sind. Daher die große Bedeutung der Seeschifffahrt. Ich verstehe nicht, wieso man auf Leuchttürme verzichtet hat. Radar und GPS können versagen. Man muss auf Sicht steuern können, wenn die Technik ausfällt. Nichts kann das menschliche Auge bei den nächtlichen und freundlichen Strahlen eines Leuchtturms ersetzen.

Brücken
Chronik vom 25. September 2005

Michel Polacco:
Michel Serres, kommen wir diese Woche auf die Journées du Patrimoine *zurück, auf die Tage des offenen Denkmals, an denen Zehntausende Franzosen oder sogar mehr Orte besuchen können, die einen besonderen Platz in der Geschichte haben und nur selten für die Öffentlichkeit zugänglich sind. Zu unserem kulturellen Erbe gehören viele Paläste, Kapellen, Ausgrabungsstätten, Museen... Lenken wir unseren Blick heute auf die Brücken. Wir haben mit Freude den* Midi libre *gelesen, der sich in einer Sonderausgabe in Zusammenarbeit mit* France Info *dem zwanzigsten Jahrestag der Aufnahme des* Pont du Gard *in die Liste des Weltkulturerbes widmet. Brücken, Kanalbrücken, Aquädukte sind nicht nur Übergänge oder Wasserwege...*

Michel Serres:
Wasserwege, manchmal, in der Tat. Der *Pont du Gard* ist ein Aquädukt; Aquädukte sind genauso selten wie Kanalbrücken. Meines Wissens gibt es in Frankreich nur zwei: Eine überquert die Loire bei Briare, die andere die Garonne bei Agen, wo ich geboren bin. Nein, ich bin nicht unter den

108

Brücken geboren, aber fast, ja, in der Nähe der Kanalbrücke von Agen. Augrund dieses banalen Umstands habe ich eine unbändige Liebe zu Brücken. Ich erzähle, ich zitiere, ich erinnere mich. Wenn man zum Beispiel in Lukla, in Nepal, zum Mount Everest aufbricht, muss man oft Seilbrücken überqueren. Die Scherpas selbst, die enorme Lasten auf dem Rücken tragen, sprechen Gebete, bevor sie sich auf diese Brücken wagen. Man geht auf die Brücke, und alles bewegt sich, bebt, entzieht sich, aber es zerreißt nichts, und man denkt, dass alles nur wegen der Gebete der Scherpas hält. Aber unten, in schwindelerregender Tiefe, erwartet einen der dröhnende Sturzbach. Diese Seilbrücken bieten mehr Komfort als jene, die die französischen Bergsteiger »Tiroler Brücken« nennen, die aus einem Seil bestehen und die man mit dem Rücken nach unten überquert, indem man sich an Händen und Füßen vorwärts hangelt; hinten beziehungsweise unten hängt der Rucksack und wiegt schwer. Nach dem Eisaufbruch im Frühjahr, bei dem das Eis knirscht und eine Art Frauengewimmer erklingt, organisieren die Anwohner an den großen kanadischen Seen manchmal Bootsbrücken, die geschmeidig sind und quasi schwimmen, und die man sogar mit Lastwagen überqueren kann: Ihr Rollen und Stampfen ist ganz wunderbar.

Sie kennen sich ja ziemlich gut mit Brücken aus!

Wer hat nicht verträumt auf der Seufzerbrücke in Venedig gestanden, oder auf dem Ponte Vecchio in Florenz…

… und auf dem Pont d'Avignon…

Wer hat nicht *Sur le Pont d'Avignon* gesungen, wer ist nicht über die Teufelsbrücke in Cahors gegangen, wer hat nicht schon einmal verliebt auf der schönsten Brücke von Paris geträumt, auf dem Pont Marie, zwischen der Île Saint-Louis und dem Fluss, mit ihren ungleichmäßigen Bögen und ihrer feinen Harmonie? Aber wenn Sie mich bitten, das Meisterwerk des 20. Jahrhundert zu nennen, dann vergesse ich Proust, Céline und Poulenc und sage: die Normandie-Brücke, eine riesige, aufrecht stehende Harfe, geschmeidig und spirituell am flachen Horizont, diese Logarithmentafel zur Umwandlung der Geräusche des Meeres und des Windes in Musik ist die Reise wert.

Ich bin vor ein paar Tagen über diese Brücke geflogen, sie ist wirklich sehr beeindruckend. Sie haben nicht das Viadukt von Millau genannt...

Völlig abstrakt, verlangt das Viadukt von Millau, dass man zählt: sieben Dreiecke, sieben Säulen, und auf jeder Seite, bei jeder Säule, elf Seile. Drei, sieben, elf... nur vollkommene Grundformen: Dreiecke und Primzahlen.

Man erinnere sich, dass Primzahlen Zahlen sind, die nur durch sich selbst geteilt werden können.

Nur durch sich selbst und durch eins. Diese Brücke wirft und schleudert reine Abstraktion in eine völlig rurale Landschaft. Sie erinnert daran, dass sich die Stämme und Blätter von Bäumen, dass sich Felsen und Strände, wenn man sie ganz aus der Nähe betrachtet, genauso wie sie als strenge geometrische Formen erweisen. Aber das sind nur Beschreibungen. Es wäre besser, eine Geschichte zu erzählen. Sie sprechen von römischen Brücken, und es gibt viele in Frankreich. Riesige, wie der Pont du Gard – ich habe den Verdacht, dass die Römer sie gebaut haben, um für sich Werbung zu machen: Wie kann man einem Volk, dass so mächtig ist, eine solche Brücke zu bauen, nicht gehorchen – aber es gibt auch bescheidenere. Diesen Sommer habe ich die Creuse auf einer römischen Brücke überquert, die so eng war, dass man auf ihr weder überholen, noch dem Gegenverkehr ausweichen konnte. Zwei Autos standen sich gegenüber: das eine wurde von einem Mann gefahren, das andere von einer Frau…

Wer setzte zurück?

Es kam zum Streit, unvermeidlich. Ich war dabei Zeuge, ich hätte nicht zugelassen, dass es zu einer Schlägerei kommt, und dann… Was, glauben Sie, ist dann geschehen? Die Frau hat gewonnen. Nicht wegen der Höflichkeit des Mannes, sondern nach einer regelrechten Machtdemonstration. Die große Klappe und die Muskeln haben plötzlich das Lager gewechselt. Gute Nachrichten kommen über die Brücken: Der Machismus hat das Geschlecht gewechselt. Und nun erinnern Sie sich: Ödipus hat seinen Vater genau unter den gleichen Umständen getötet, er hatte ihn auf einer Brücke vor sich, keiner von beiden wollte zurückweichen oder die Vorrangstellung aufgeben. Ich hatte also eine quasi ödipale Geschichte vor meinen Augen! Doch ich erzähle wiederum nur Geschichten, statt mich in Beschreibungen zu ergehen... Im Grund muss man fragen: Was ist eine Brücke?

Sie haben nicht von Eiffels Brücken gesprochen: von der Brücke in Hanoi, vom Garabit-Viadukt...

Gewiss, ich könnte auch noch das Garabit-Viadukt beschreiben. Aber versuchen wir trotzdem zu sagen, was eine Brücke eigentlich ist. Welche Natur und welche Funktion hat eine Brücke?

Philosophisch gesehen?

Wenn Sie so wollen. Aber auch ganz konkret. Antwort: eine Verbindung, ein Bindestrich, eine schwierige Beziehung zwischen zwei Elementen, die vorher keine Beziehung hatten; eine Verbindung von zwei Ufern, also zwischen zwei Rivalen, Friede zwischen zwei Ländern, Liebe zwischen zwei Personen... eine Brücke überwindet eine alte Schwierigkeit. Die Eselsbrücke lässt einen von der Unwissenheit zur Wissenschaft übergehen. Wissen Sie, dass Pontifex »Brückenbauer« bedeutet? Der brückenbauende Souverän sichert also die Verbindung zwischen der Erde und dem Himmel, zwischen dem Natürlichen und dem Übernatürlichen, zwischen dem Erdendasein und dem Paradies. Eine wunderbare Verbindung...

Deshalb hatten wir die Päpste in Avignon...

... und eine Jakobsleiter.

Umwelt und Eigentum
Chronik vom 28. Oktober 2007

Michel Polacco:
Beschäftigen wir uns diese Woche mit einem Thema, von dem oft und auf verschiedene Weise die Rede ist, mit der Umwelt. Auf der Umweltkonferenz Grenelle de l'environnement, *die diese Woche stattgefunden hat, wurde über Energie, die Atmosphäre, die Pole, Genmanipulation, Biodiversität und über den Treibhauseffekt gesprochen. Alltägliche Themen in den Medien. Ohne die harten Wissenschaften zu vergessen, die sich mit der Ökologie beschäftigen, wollen wir heute aus der Sicht des Rechts über die Umwelt sprechen.*

Michel Serres:
Wenn man über die Umwelt sprechen will, muss man erst einmal über den Raum sprechen. Über den Raum der Erde und die Orte, die aus ihm herausgeschnitten werden. Betrachten Sie dazu zunächst das Verhalten unserer Brüder oder Cousins in der Tierwelt. Sie ziehen sich in Nischen zurück, die sie besetzen, um zu schlafen, zu essen, sich zu paaren und ihre Jungen zur Welt zu bringen, zu ernähren und aufzuziehen. Wie definiert jeder von

ihnen seine Nische? Wie definiert die Meise ihr Nest? Wie definiert die Wespe ihre Behausung? Der Hase seinen Schlupfwinkel? Das Wildschwein seine Suhle? Der Hirsch sein Revier? Beziehungsweise, wie wird die Grenze dieser Nische definiert oder verteidigt? Die Tiger, die Hunde, die Säugetiere, die Sie kennen, haben ein ganz besonderes Verhalten, was die Aneignung ihres Territoriums betrifft: Sie definieren und verteidigen ihr Territorium, indem sie auf seine Grenzen pissen. Die Menschen machen das Gleiche! Ich kann dafür ganz offensichtliche, konkrete Beispiele anführen. Wenn ich in die Suppe spucke, wenn ich in den Salat spucke oder wenn ich auf den Teller sabbere, wird es kein anderer wagen, davon zu essen. Und was für das Essen gilt, gilt auch fürs Wohnen. Wenn ich einen bestimmten Ort, zum Beispiel ein Hotelzimmer, bewohne, und wenn ich das Bettzeug, das Handtuch, das Bad und das Schlafzimmer beschmutze, wird der Hotelbesitzer diese Nische zwangsläufig von unten bis oben säubern, damit er sie jemand anderem überlassen kann.

Sie haben dieses Territorium verschmutzt.

Wissen Sie, dass das Wort »Pollution«, also Verschmutzung oder Beschmutzung, in der traditionellen christlichen Moral verwendet wurde? Und dass die »nächtliche Pollution« genau den Samenerguss in die Bettlaken bezeichnet? Keiner würde in Laken schlafen wollen, die auf diese Weise – im technischen Sinne des Wortes – beschmutzt wurden. Die Menschen weisen also das gleiche Verhalten auf wie die Tiere. Der jungfräuliche Wald wird durch Territorien und

114

Grenzen zerschnitten, wobei jede Grenze durch Darment-leerungen verteidigt wird, aber wenn wir die Karte der persönlichen Besitzungen – Firmengrundstücke, Grund und Boden von Nationen – betrachten, dann zeigt sich, dass auch sie durch Grenzen definiert wird, die sicherlich anders zustande gekommen sind. Hängt die Frage der Umweltverschmutzung nicht mit diesem Problem zusammen? Wie soll man Eigentum definieren? Wie soll man Aneignung definieren? Bei den Beispielen, die ich eben angeführt habe, ist klar, dass das Wort Verschmutzung direkt mit der Aneignung eines Raumes zusammenhängt.

Wollen Sie damit andeuten, dass man, je nach dem, ob man Eigentümer ist oder nicht, sorgfältiger oder nachlässiger ist?

Was ist das Eigene? Der Schmutz! Man beschmutzt seinen Raum und eignet ihn sich an. Es ist jedenfalls auffällig, dass man in der französischen Sprache sagen kann, dass das *le popre* (das Eigene und das Saubere), *la propriété* (das Eigentum und die Sauberkeit) gerade das Schmutzige ist, das heißt die Umweltverschmutzung. Ob nun auf der Umweltkonferenz oder anderswo, wenn ich höre, dass die Leute von Umweltverschmutzung reden, dann immer anhand von Messungen in der Atmosphäre, der Gasrückstände, die einen Treibhauseffekt haben, oder von Kohlenmonoxid. Oder anhand von Fragen, die sich auf…

… Genmanipulation…

... auf das Gleichgewicht der schmelzenden Polkappen und der Bildung von Packeis, etc. beziehen. Man beschäftigt sich ständig mit der Meeresforschung, mit der Chemie, der Naturgeschichte, etc., kurz, mit den harten Wissenschaften. Aber gibt es nicht eine zweite Art und Weise, sich mit diesem Thema auseinanderzusetzen? Denn was ist die »Verschmutzung« der Erde, wenn nicht das Problem der Aneignung, das ich zuvor definiert und beschrieben habe? Das Problem der Umweltverschmutzung muss auch als eine Frage des Rechts behandelt werden. Die Umweltverschmutzung zu bekämpfen, bedeutet nicht nur, mit chemischen Waffen zu kämpfen, mit den Waffen der harten Wissenschaften, sondern auch, dass man die Weise, in der sich die Menschen den Raum aneignen, in der sie den Raum zerschneiden und in der sie ihr Eigentum (und das von Unternehmen) definieren, neu definieren, neu beschreiben und neu diskutieren muss. Sehen Sie zum Beispiel, wie sich die Werbung durch Bilder, Töne und Texte den Raum aneignet.

Sie stellen unser ganzes Verhalten, unsere ganze Lebensweise und unsere Art der Aufteilung in Frage!

Unsere Art der Besetzung des Raumes ist eine Weise, die, auf dem Verhalten der Tiere gründend, unerwartete Rückwirkungen auf die harten Wissenschaften hat, die sich mit der Umwelt beschäftigen.

Können Sie einige Beispiele für diese schädlichen Wirkungen des Eigentums anführen?

Nehmen wir zum Beispiel an, dass das Packeis schmilzt und die Nordwest- oder die Nordost-Passage frei wird: Es ist klar, dass die Länder, die sich diesen Raum aneignen, dort Schiffe durchfahren werden lassen, etc. Die Aneignung wird beginnen und sich mit der Umweltverschmutzung fortsetzen, die von den harten Wissenschaften definiert worden ist. Die Verschmutzung ist also zunächst eine Frage des Eigentums und dann eine Frage, die mit den harten Wissenschaften behandelt werden muss. Ist es nicht ein schlagender Beweis, dass die Reichen viel mehr verschmutzen als die Armen? Die harten Wissenschaften stellen die Frage: Wie? Wie verschmutzt man? Als Vertreter der Humanwissenschaften stelle ich heute die Frage: Warum verschmutzt man? Antwort: Um sich etwas anzueignen.

Weltweite Katastrophe
Chronik vom 2. Januar 2005

Michel Polacco:
Michel Serres, das Thema dieser Woche drängt sich gera-
dezu auf. Das Ausmaß der Katastrophe in Asien macht uns
Stunde für Stunde immer schwindeliger. Die Bilder vom
Tsunami, die aus einer Weltuntergangsmythologie stam-
men könnten, erinnern uns an die Erschütterungen bei der
Entstehung der Erdkruste oder an Noah und die Sintflut,
der nur einige Überlebende jeder Art entkommen sind. Was
geschieht? Innerhalb von acht Tagen haben wir eine ein-
malige Solidarität in unserer Geschichte erlebt... und uns
dabei kollektiv mit einer Lektüre der Apokalypse befasst.
Michel Serres, ist dieser Tsunami eine Wiederholung des
Weltuntergangs?

Michel Serres:
Nein, das ist weder das Ende der Welt noch die Apokalypse,
sondern einfach ein Stadium der normalen Entwicklung
unseres Planeten. Genauso empfänglich für Neuheiten
wie Sie, stelle ich in meinem Buch *Rameaux* die folgende
Frage: »Was gibt es an Neuem bei einem Ereignis?« Was
ist neu an diesem Ereignis?

Wir haben so etwas noch nie erlebt!

Doch, die Erde ist seit ihrer Entstehung von Tausenden Tsunamis erschüttert worden.

Trotzdem! Hundertzwanzig-, hundertvierzig-, hundertfünf-zigtausend Tote...

So viele wie in Messina zu Anfang des 20. Jahrhunderts, in einer Epoche, in der man noch keine rauchenden Trümmer in den Medien genießen konnte. Nur die Ergüsse der Philosophen! Ja, 1755 hat eine gewaltige Flutwelle Lissabon, die Hauptstadt Portugals, überschwemmt; zu diesem Tsunami kam ein schweres Erdbeben hinzu, wahrscheinlich mit Stärke 9 auf der Richter-Skala (die es damals allerdings noch nicht gab); eine riesige Feuersbrunst verwüstete die Stadt, in der es Zehntausende von Toten gab. Dieses Erdbeben und dieser Tsunami von 1755 in Lissabon waren das größte Trauma des Jahrhunderts der Aufklärung. Nun zu Ihrer Frage: »Was ist neu gewesen?« In dieser Epoche hat es zwei Reaktionen gegeben. Damals haben die Schriftsteller die Rolle der Medien gespielt. Voltaire kritisierte bei dieser Gelegenheit den berühmten Optimismus von Leibniz. Wie kann man behaupten, in der besten aller möglichen Welten zu leben, wenn es ein solches Ereignis geben kann? Der Optimismus ist damals endgültig lächerlich geworden. Das war eine erste Reaktion: Da ein solches Unheil auf der Welt geschehen konnte, wurde es schwierig zu glauben, dass ein guter Gott sie geschaffen hat.

Dieses Weltende ist vorprogrammiert.

Die zweite Reaktion, die interessanter ist, weil sie aktiv ist, bestand darin zu sagen: »Nie wieder so was!« Durch das Studium der Wissenschaften von der Erde, durch die Erfindung wirksamer Techniken werden wir Strategien entwickeln, die so fein und stark sind, dass sie uns vor solchen Vorfällen schützen können.

Vorbeugen, vielleicht, aber bekämpfen...?

Erstens, kein theoretischer und einfältiger Optimismus mehr; zweitens, »Nie wieder so was!«, an die Arbeit: Kampfoptimismus. Das war die doppelte Reaktion des Jahrhunderts der Aufklärung auf das Trauma von 1755. Was das Ereignis an sich betrifft, so hatte das Erdbeben fast die gleiche Stärke wie das heutige. Wie heute begann die ganze Erde unter diesen Stößen zu beben. Also nichts Neues für die Geophysik; aber dafür etwas Neues für die Menschen. Heute löst dieses gigantische Trauma das Gegenteil dieser beiden Reaktionen aus. Das völlige Gegenteil. Vom wissenschaftlichen Standpunkt der in der Geophysik gut erforschten Plattentektonik aus glaube ich, dass es mit unseren heutigen Kenntnissen unmöglich ist, den genauen Ort, die präzise Zeit und die Stärke eines Erdbebens vorauszusagen. Es gibt zwar hier und da Warnsysteme, vor allem in den reichen Ländern, aber eine genaue Voraussage liegt für den Moment nicht in unserer Macht. Eines Tages, vielleicht, aber heute nicht. Man kann präzise die Position eines Himmelskörpers voraussagen, aber nicht ein meteorologisches Ereignis an einem bestimmten Ort oder die genaue Stärke eines Erdbebens an einem bestimmten Ort, zu einem bestimmten Zeitpunkt. Im Jahrhundert der Aufklärung glaubte man, dass alle Ereignisse den Ereignissen der Himmelsmechanik ähnlich wären; wir haben die Chaostheorie entdeckt. Nicht alle Voraussagen sind wirklich möglich, wissen wir seit Poincaré. Selbst in der Himmelsmechanik kann ein Planet unversehens das Sonnensystem verlassen. Die Wissenschaft und die Technik haben nicht die Macht, alles zu schützen, weil es keine universelle Vorhersagbarkeit gibt.

Ist es dann nicht vermessen zu behaupten, wir könnten etwas voraussehen?

Gewiss, wir können ganz allgemein voraussagen, dass ein Erdbeben an einer bestimmten Erdspalte ausbrechen wird, aber wir können nicht die genaue Stelle an der Spalte, den genauen Zeitpunkt des Erdbebens oder seine Stärke voraussagen. Und die zweite Neuheit, die wir heute erleben, kehrt auch die Voltaire'sche Kritik des Optimismus um. Ich bin optimistisch. Wissen Sie warum? Angesichts der Stärke des Tsunamis, der gleichzeitig die Erde und unsere Freunde am Indischen Ozean getroffen hat, ist es zu einer weltweitem Manifestation der Solidarität gekommen. Die menschliche Welt antwortet plötzlich auf die physische Welt. Die ganze menschliche Welt antwortet auf eine weltweite Katastrophe.

Eine Antwort, die von den Medien ausgelöst wurde.

Vielleicht, aber wir beobachten seit einiger Zeit auch die zunehmende Herausbildung einer globalen Meinung, ein immer stärker werdendes planetares Solidaritätsgefühl in allen Kulturen, in allen Formen von Politik, in allen Staaten, in allen Sprachen und Religionen, ein Bewusstsein, dass wir alle im selben Boot sitzen. Ich meine, diese Bewusstwerdung hat mit den französischen Atomversuchen im Pazifik begonnen. Wie Sie sich erinnern (ich bin damals viel gereist), hat die ganze Welt sie einhellig verurteilt. Heute hat die Redewendung »Wir sitzen alle im selben Boot« eine wirklich starke und konkrete Bedeutung bekommen. In meinem Buch *Der Naturvertrag* habe ich ja gerade gesagt, dass das Foto von der Erde, das man dank der Kosmonauten sehen konnte, unser Gefühl verstärkt hat, zur Mannschaft dieses Bootes zu gehören, und dass es aus der Menschheit ein einheitlicheres Kollektiv gemacht hat. Über alle Differenzen hinweg, trotz der Kriege und des Kampfes der Kulturen etc. nimmt ein weltweites Bewusstsein Gestalt an, nämlich die Gestalt der Besatzung eines brüchigen, sich wandelnden Bootes, das schwer zu steuern ist.

Tragen die Menschen nicht dennoch einen Teil der Verantwortung? Wenn sie an Stränden bauen, ohne sich um Phänomene zu kümmern, die manchmal schon seit Jahrhunderten bekannt sind?

Es hat an der chilenischen Küste Tsunamis gegeben, und auch viele an den Küsten Japans – das Wort *Tsunami* stammt ja auch aus Japan. Ich selbst habe 1989 das Loma-

Prieta-Erdbeben in Silicon Valley erlebt, das eine Stärke von 7,2 hatte, und ich versichere Ihnen, wenn man 7,2 …

… auf der Richter-Skala…

… erlebt hat, kann man sich vorstellen, was bei 8,9 los ist. Lesen Sie dazu den Text von Claudel »Quer durchs brennende Tokyo«, wo er vor dem Zweiten Weltkrieg tatsächlich ein Erdbeben der Stärke 8,9 erlebt hat. Ich fasse daher zusammen: Was die Katastrophe angeht, gibt es aus geophysischer Sicht nichts Neues. Ich habe schon vor fünfzig Jahren, als ich bei der Marine war, das Wort Tsunami und die dazu gehörige Theorie gelernt. Aber was bis zu diesem Tag wirklich neu ist, ist die weltweite Solidaritätsbewegung, die zweifellos einmalig in der Geschichte ist. Der Naturvertrag ist heute unterschrieben worden.

Verantwortung
Chronik vom 6. Februar 2005

Michel Polacco:
Michel Serres, diese Woche sprechen wir über die Ver-
antwortung. Ein schönes Wort, das zum Beispiel auf Mut
hindeutet, das verschiedene Bedeutungen hat und das
man heute in ganz verschiedenen Situationen findet.
Einige Beispiele: Ein einundzwanzigjähriger Mann begeht
in einer psychiatrischen Anstalt einen schrecklichen Dop-
pelmord; ein ehemaliger Beamter des Vichy-Regimes –
Maurice Papon – kann seinen eigenen Prozess auf einem
Geschichtssender im Fernsehen noch einmal nachverfol-
gen; die Chefs des Mont-Blanc-Tunnels werden wegen der
Folgen eines LKW-Brandes, der zahlreiche Opfer gekostet
hat, verurteilt. Jeder von ihnen wurde oder wird vor Gericht
gestellt, und dennoch handelt es sich um Situationen, die
nichts miteinander zu tun haben.

Michel Serres:
Das Wort »Verantwortung« hängt mit dem Wort »antworten« zusammen. Auf eine Frage, die gestellt wird, muss
jemand antworten. Kain hat Abel getötet. Jachwe fragt: »Wo
ist dein Bruder Abel?«, und Kain antwortet: »Ich weiß nicht;

soll ich meines Bruders Hüter sein?«, und Jachwe fragt nocheinmal: »Was hast du getan?« Kain muss auf diese Fragen antworten. Was habt ihr also mit euren Brüdern gemacht, die durch den Mont-Blanc-Tunnel gefahren sind? Bin ich der Hüter des Tunnels? Bin ich der Hüter meiner Brüder? Wer muss diese Fragen beantworten? Doch bevor wir Anklage erheben, stellen wir die davor liegende Frage: Wer hat das Recht, Fragen zu stellen? Im römischen Recht bedeutete das Wort »Frage« eben gerade die gerichtliche Untersuchung eines gegebenen Verbrechens. Im Mittelalter bedeutete die Befragung…

... *Folter.*

Ja. Wer hat also das Recht, Fragen zu stellen? Der Vertreter des Gesetzes. Gott, im Fall der Ermordung von Abel durch Kain. Auch derjenige, der einen Schaden erlitten hat oder benachteiligt wurde. Man muss drei Fragen unterscheiden: die nach der zivilrechtlichen Verantwortung, die nach der strafrechtlichen Verantwortung und die nach der moralischen Verantwortung. Zunächst zur zivilrechtlichen Verantwortung, im Fall eines Schadens, der einem anderen zugefügt wird; hier ist der Verantwortliche verpflichtet, für den Schaden, den er verursacht hat, aufzukommen oder Schadenersatz zu leisten; es muss also bewiesen werden, dass es einen Schaden gegeben hat und in welchem Maß derjenige, der bezahlen muss, verantwortlich ist. Bei dieser zivilrechtlichen Verantwortung unterscheidet man die vertragsrechtliche Verantwortung, die sich auf die Einhaltung oder Nichteinhaltung eines Vertrags bezieht, und die Verantwortung für strafbare Handlungen gegenüber anderen. In diesem Fall bestimmt das Gesetz die Verantwortlichen nahezu *a priori*: In Familien haben die Eltern eine größere Verantwortung als die Kinder; ebenso der Vorgesetzte, der Unternehmensleiter, der Kapitän eines Schiffes... Als ich bei der Marine war, musste unser Schiff zur Überholung in die Werft; als es so gut wie neu die Werft verlassen konnte, stachen wir für eine Woche in See, um die verschiedenen Apparate, die erneuert worden waren, zu überprüfen. So weit, so gut. Wir kehrten zurück, und der Kapitän sagte zum Ersten Offizier: »Sie werden...«

... *anlegen...*

»... das Anlegemanöver machen; in dieser Zeit werde ich mich umziehen, weil die Admiräle und die Musikkapelle der Flotte das neue Schiff am Kai erwarten.« Der Erste Offizier, ein miserabler Steuermann, scheiterte kläglich mit seinem Anlegemanöver und knallte so heftig gegen die Kaimauer, dass der Bug, der gerade repariert und frisch angestrichen worden war, stark eingebeult wurde. Ich sah, wie der Kapitän mit schnellen Schritten aus der Kabine kam, den Landungssteg ausbringen ließ und auf den Kai sprang; dann hörte ich, wie er zum Admiral sagte: »Ich werde Sie gleich an Bord begrüßen, aber ich muss zuerst den Schaden feststellen, *den ich* an meinem Schiff verursacht habe.«

Verantwortlich...

Ich wagte es nicht, ihn anzusehen. Ich hatte eine Lektion in Moral bekommen, die ich mein ganzes Leben nicht vergessen habe. Ich erinnere mich an diesen Mann – falls er mich hört, möchte ich ihn grüßen und ihm meine Anerkennung aussprechen – an diesen Mann, der, ohne zu zögern, die Verantwortung für einen Unfall und für einen Schaden übernommen hat, obwohl ein anderer den Fehler begangen und das Schiff schlecht gesteuert hatte. Hut ab!

Für den Wachoffizier, der das Manöver ausgeführt hat...

Das ist die Verantwortung des Paschas, des Vaters für seine Söhne, des Unternehmensführers für das Unternehmen und vor allem der Träger von öffentlichen Ämtern, wie Anwälte, Notare, Gerichtsschreiber, von Beamten und Ministern etc. Das Fauchon-Gesetz hat die bis dahin zu große Verantwortung der Bürgermeister etwas eingeschränkt. Ohne diese Maßnahme hätte die Gefahr bestanden, dass man keine Kandidaten für die Verwaltung der französischen Gemeinden mehr gefunden hätte!

Verantwortung ist das eine, aber was wir in unserer Gesellschaft suchen, das sind die Schuldigen.

Kommen wir also zur strafrechtlichen Verantwortung. Wenn man davon ausgeht, dass es einen Verstoß, eine Straftat oder ein Verbrechen gegeben hat, dann muss vor dem Gericht, an dem die Sache verhandelt wird, zuerst einmal bewiesen werden, dass es tatsächlich eine Straftat oder ein Verbrechen gegeben hat, und dann, dass es aus freien

Stücken und vorsätzlich von diesem oder jenem begangen wurde. Wenn die beklagte Person in ihren Handlungen nicht frei ist, kann sie nicht verantwortlich sein; und das Gleiche gilt, wenn sie nicht vorsätzlich gehandelt hat. Dann kann man von mildernden Umständen sprechen. Daher gehen wir von der Tat, das heißt von der Straftat oder vom Verstoß zum Vorsatz über. Ich bin von der *zivilrechtlichen* Verantwortung zur *strafrechtlichen* Verantwortung übergegangen und komme im Zusammenhang mit dem Vorsatz schließlich zur *moralischen* Verantwortung. »Wer stellt die Fragen?« habe ich zu Anfang gefragt. Und ich antworte: »Ich«. Ich bin das Gericht über mich selbst; ich stelle die Frage nach meiner eigenen inneren Verantwortung vor meinem eigenen Gewissen; ich stelle mir die Frage, und ich beantworte sie mir. Alles spielt sich im Inneren ab. Zunächst ging es um die Taten; jetzt um den Vorsatz, um meine Absichten. Ein inneres Gericht.

»Das Auge war im Grab und sah Kain.«[14]

Welche Verantwortung habe ich vor meinem Gewissen? Sprich, ich möchte, ich muss mit einem Lob des letzten Jahrhunderts schließen. Weil es Humanwissenschaften im doppelten Sinn des Wortes erfunden, entwickelt und verbreitet hat: Sie beschäftigen sich mit dem Menschen; sie öffnen für das Wohlwollen. Sie haben es ermöglicht, die Frage nach den Grenzen der Freiheit der Person, die auf

---

[14] Vgl. Victor Hugo, »La Consience«, in *La Légende des sciècles*. (A.d.Ü.)

tausend Weisen bestimmt werden kann, besser zu stellen. Ja, die Psychologie, die Soziologie, kurz, die Humanwissenschaften verdienen diesen Namen, wie schon gesagt, nicht nur, weil sie den Menschen studieren, sondern weil sie human sind. Du, der du zu jung bist und noch nicht verstehst; du, der du so lange den Qualen der Demenz ausgesetzt bist; du, der du arm, bedrückt, elend, bedürftig bist; du, den diese oder jene psychische, finanzielle, familiäre oder gesellschaftliche Last bedrückt. Ich halte dich für weniger verantwortlich, ich würde dir also weniger vorwerfen als die einst unerbittlichen Gerichte, weil ich gelernt habe, dein Geschick zu erkennen. Es gibt also eine Vergebung.

Sie erinnern mich an den Kleinen Prinzen von Saint-Exupéry, an den Fuchs und die Rose, für die er sich verantwortlich fühlt…

Das sagt schon das Wort: Die Vergebung steht über der Gabe.

Privatleben / Leben in der Öffentlichkeit
Chronik vom 29. Januar 2006

Michel Polacco:
Michel Serres, sprechen wir diese Woche vom Privaten Leben/ Leben in der Öffentlichkeit. Regelmäßig entdecken wir in der Presse – für manche pikante – Details über die Liebschaften, die kleinen Geheimnisse und das Privatleben vieler Berühmtheiten. Sänger, Präsidenten und Abgeordnete, Unternehmensleiter und gekrönte Häupter... Manche setzen sich dem freiwillig aus, andere halten sich zurück, manche halten es mit beiden Seiten und fühlen sich, wenn sie in die Falle gegangen sind, auf den Schlips getreten und ziehen vor Gericht. Aber es gibt noch andere: im Fernsehen, im Radio und im Internet bekommen wir auf Blogs und in beliebten Sendungen gewisse Paare zu sehen, zu lesen und zu hören, die sich zur Schau stellen, sich zerfleischen oder sich in ganz intimen Situationen zeigen... Wo beginnt und wo endet das Privatleben?

Michel Serres:
Früher zählte der Schäfer seine Schafe, und beim Zählen merkte er, wie viele ihm fehlten. Also ließ er seine Herde im Pferch, machte sich auf die Suche nach dem verlorenen

Schaf und fand es nicht. An den Grenzen des Heidelands, wo er seine Herde zu weiden pflegte, kam er ängstlich zu einer Art Felsvorsprung von mittlerer Höhe, wo eine Felsspalte eine Öffnung bildete. Er schlüpfte hinein – er musste kriechen, weil der Boden steil abfiel – und gelangte zu einer Art dunkler Krypta, und in dieser Grotte stand vor ihm auf einem Sockel ein durchsichtiger Sarg, in dem ein nackter Mann lag, tot. Im Dämmerlicht sah der Schäfer an der Hand des Leichnams eine Art Diamant glänzen, an einem Ring, den der Tote am Ringfinger der linken Hand trug. Eingeschüchtert zögerte er aber nicht, den Ring von der Hand des Leichnams zu ziehen und an seinen Finger zu stecken. Und da die Höhle hinter dem Sarg endete und der Schäfer sah, dass sich das Schaf dort nicht befand, verließ er die Höhle. Die Geschichte sagt nicht, ob er das Tier wiedergefunden hat, aber er behielt den Ring.

Ich frage mich, worauf Sie hinauswollen.

Eine Woche später war er auf einem ländlichen Fest, auf dem ein alter Mann, so wie ich, herumschwadronierte, so wie ich, und seine Zuhörer langweilte, so wie ich. Um sich die Zeit zu vertreiben, begann er mit der Fassung des Rings zu spielen. Oh! Was für eine Überraschung! Als die Fassung sich auf der Innenseite des Fingers befand, bemerkte der Schäfer, dass seine Freunde über ihn sprachen, als ob er gerade fortgegangen wäre. Er wunderte sich darüber, und er wunderte sich noch mehr darüber, als er, nachdem er das Experiment mehrere Male wiederholt hatte, zu einer Gewissheit kam: Es gab keinen Zweifel, der umgedrehte

Ring machte ihn unsichtbar. Unglaublich! So trat er bei seinen Nachbarn ein, ohne dass es jemand bemerkte. So fing er an, sie zu bestehlen; dann ging er zu den Mädchen und Frauen, verführte und vergewaltigte sie. Er wurde immer mutiger. Durch seine Diebereien reich geworden, betrat er den Palast des Königs; dann schlich er ins Gemach der Königin; dann schlüpfte er ins Bett der Königin; dann wurde er zum Geliebten der Königin; dann schmiedete er mit der Königin ein Komplott, um den König umzubringen; dann wurde er zum König. Und so wurde der arme Schäfer Gyges zum Nachfolger von Kandaules, Herrscher über Lydien. Dann wurde der Schäfer zum mächtigsten Tyrannen der Welt, obwohl er ein Dieb, Vergewaltiger und Mörder war. Reich, gewiss, respektiert, gewiss, aber abscheulich. Soweit die Geschichte.

Aber wohin führt uns diese Legende?

Nun, das ist eine der ältesten Geschichten der Welt, die vom unsichtbaren Mann, und ihre Moral ist: Muss man sich vor jemandem hüten, der seine Handlungen verbirgt, dessen Absichten, Gedanken und Vorhaben keiner kennt? Wird ein Mensch, der unsichtbar wird, der absolut privat ist, zwangsläufig gefährlich? Anders gesagt, muss ein Mensch, der wirklich gut ist, vor der ganzen Welt so handeln und denken, als ob er privat wäre, oder muss er privat eher so handeln, als ob er vor der ganzen Welt stünde? Und dann stellt sich die brennende Frage: Und wir, was tun wir, wenn wir die Gewissheit haben, dass uns keiner sieht? Was tun wir, wenn wir uns sicher sind, dass keiner jemals erfahren wird, was wir tun, was wir denken? Werden wir davon profitieren, wie der Schäfer Gyges? Was tun wir im Privaten? Was denken wir still und leise vor uns hin, in der Tiefe unserer Brust, in der geheimen Intimität des Privaten? Was ist das Private? Das Intime, das Innere, das für alle Unsichtbare. Das Intime ist die Steigerung des Inneren, und das Innerlichste ist die Höhle, das Grab, liegt im Dämmerlicht, im Handinneren… Was ist in der Öffentlichkeit am wenigsten sichtbar? Wie Sie wissen, ist der Gott der Gläubigen derjenige, der ins Innere hineinschaut: »Das Auge war im Grab und sah Kain.« Das ist meine erste Version, meine erste Moral der Geschichte: Wem es gelingt, seine Pläne zu verwirklichen, indem er unsichtbar bleibt, der wird sogleich zum Schweinehund. Nun die zweite, bei der ich eine völlige Kehrtwendung mache. Wenn die Gesellschaft bestimmten Menschen misstraut, wenn sie originelle, freie und eigenständige Menschen nicht mag, dann erfindet sie eine Geschichte wie die vom Schäfer. Ein autoritärer Staat verfolgt Singularitäten, verfolgt das Private; eine Gesellschaft, die die völlige Transparenz des Privaten verlangt, kann genauso gefährlich werden wie das unsichtbare Individuum. Wählen Sie zwischen den beiden Versionen: zwischen jener, die das Private anklagt – der Schäfer Gyges ist ein Schweinehund –; und jener, die die Gesellschaft anklagt: dass sie Transparenz verlangt, und dass sie autoritär und totalitär werden kann… Wollen Sie mich nicht fragen, für welche Version ich mich entscheiden würde?

Doch, natürlich!

Nun denn. Kehren wir zu der Geschichte zurück: Als die Fassung des Rings in die Innenseite der Hand gleitet, merkt der Schäfer, dass er unsichtbar wird. Aber er merkt das nur, weil die anderen über ihn reden, als ob er fortgegangen wäre. Erinnern Sie sich?

Selbstverständlich.

Er kann also von sich aus nicht wissen, dass er unsichtbar wird; er braucht dazu das Zeugnis der anderen.

Dass man so auf ihn reagiert.

Er fragt sich, ob er sichtbar oder unsichtbar ist. Nur die anderen können ihm das sagen. Wir selbst können das nicht wirklich wissen; keiner ist für sich selbst undurchsichtig oder durchsichtig; so wissen wir auch nicht wirklich, was öffentlich und was privat in unserem Leben ist. Wäre ich also an diesem Punkt um mein Privatestes beraubt?

Ich schließe daraus, dass unsere Indiskretion uns etwas über uns selbst lehrt... und dass sie sogar der Grund für eben diese Indiskretion ist. Michel Serres, ich habe noch nicht rausgekriegt, woher die zitierte Geschichte stammt...

Platon, *Politeia*, Zweites Buch, der Ring des Gyges, Schäfer, König von Lydien.

Aprilscherz
Chronik vom 1. April 2007

Michel Polacco:
Michel Serres, was halten Sie davon, wenn wir uns heute mit einem amüsanten Thema beschäftigen, mit dem Aprilscherz? Heute ist ja der erste April, und auch wenn wir bei France Info die Tradition haben, keine Aprilscherze zu machen, um keine Verwirrung auszulösen – wie in Belgien, erinnern Sie sich daran? –, warum sollten wir nicht über den Ursprung des Aprilscherzes und im weiteren Sinne über den des »Hereinlegens« oder »jemandem einen Streich spielen« sprechen? Dann können Sie uns vielleicht sagen, ob Sie, so wie ich, Spaß daran haben.

Michel Serres:
Der Ursprung des Aprilscherzes ist ganz einfach. Die römischen Legionen waren bis März in ihren Winterquartieren. Deshalb heißt dieser Monat *Mars*, nach dem Gott des Krieges. Am ersten April begann man wieder mit den kriegerischen Operationen. Deshalb machte man sich die Neujahrsgeschenke am ersten April. Heute macht man sie am ersten Januar – seit König Karl IX. beginnt das Jahr am ersten Januar. Die Geschenke zum ersten April sind

offensichtlich Scherzgeschenke, weil das nicht wirklich der Jahresanfang ist.

Das ist also alles ganz einfach...

Mir macht es auch, wie Ihnen, Spaß, Leute hereinzulegen, und ich gestehe, dass ich in meiner Jugend gern Verwirrung gestiftet und Radau gemacht habe. Kissenschlachten im Schlafsaal...

... das ist ja nicht zu glauben...

... wobei die Kissenexplosion in einem derart undurchdringlichen Federgestöber endete, dass wir von dem unterdrückten Lachen noch mehrere Wochen Bauchschmerzen hatten. Ich muss mir auch vorwerfen, dass ich abends im Schlafsaal außergewöhnliche Orchester organisiert habe, die mit unserer bäuerlichen Herkunft zusammenhingen. Einer machte die Gans, ein anderer die Ente, der nächste den Hahn... Ich konnte ziemlich gut den Part des Perlhuhns spielen.

Die Aufseher waren wahrscheinlich begeistert!

Wenn sie das Licht anmachten, schliefen die braven Engel natürlich ganz ruhig; wenn sie es ausmachten, ging der Radau wieder los, und man hörte den Schrei des Schweins im Schlachthaus. Das war einfach wunderbar. Kein anderes Konzert hat mir so viel Spaß gemacht!

Ein Professor wie Sie!

Samstags mussten wir bei unserem Französischlehrer klassische Musik hören, und ich hatte glücklicherweise bei einem Trödler eine Platte mit der *Hérodiade* von Massenet und seiner großen Arie »Salome, Salome, lass mich dich lieben« aufgetrieben. Wie durch ein Wunder hatte die Platte an der richtigen Stelle einen Kratzer, und der Lehrer und die Schüler hörten: »Salome, Salome, salo… salo…«[15]. Natürlich brachen alle in Gelächter aus. Das war die schönste Vorführung von klassischer Musik am Samstag. Und ich hielt mich für einen Fachmann im…

… Sie hätten wirklich einen kleinen Scherz verdient…

… im Streichespielen. Ich musste deswegen oft nachsitzen. Doch dieser Fachmann fand eines Tages seinen Meister. Sie wissen sicherlich, dass die École normale auf das Streichespielen spezialisiert ist. Und ich habe eines Tages erlebt, wie jemand auf ganz außergewöhnliche Weise gefoppt wurde. Ich machte einen Kurs für meine Lehramtsprüfung für das Gymnasium, und ich hatte die Gewohnheit, danach einen befreundeten Direktor zu besuchen, der Hippolyte hieß. Eines Tages stand seine Tür offen, er war am Telefon und signalisierte mir lachend, dass ich den zweiten Hörer nehmen sollte. Damals gab es Telefone mit einen zweiten Hörer. Und ich war sehr überrascht. Am anderen Ende

---

[15] »Salo« hört sich an wie »salaud«, was Drecksack, Schweinehund bedeutet. (A.d.Ü.)

der Leitung hörte ich die Stimme von Georges Pompidou, zu der Zeit der Premierminister von General de Gaulle, der den Schuldirektor mit allen möglichen Schimpfnamen bedachte. Sie waren vor dem Krieg Studienkollegen gewesen. Und Pompidou sagte zu Hippolyte: »Hol deine Giraffe wieder ab!« Und dieser antwortete: »Du kannst dir dein Huftier sonstwohin stecken…«, etc. Hippolyte legte auf, und ich fragte ihn, worum es ging, da ich nichts begriffen hatte. Und er erzählte mir folgende Geschichte. Wie Sie wissen, sind bei der Entkolonisierung viele ehemalige Abgeordnete und Senatoren der Union Française große Staatschefs in ihren eigenen Ländern in Afrika geworden.

Ja, gewiss.

Zu dieser Zeit machte jeder seinen Antrittsbesuch im Élysée-Palast. Im Rahmen dieser offiziellen Reisen kam, glaube ich, Houphouët-Boigny.

Der Präsident der Elfenbeinküste.

Das Flugzeug landete in Orly. Am Vorabend hatten zwei Studenten der École normale, die auf Naturgeschichte spezialisiert waren und sich daher mit den Örtlichkeiten auskannten, die Wärter der Giraffe im Jardin des Plantes betrunken gemacht und dann in der Nacht die Giraffe entführt. Früh am Morgen haben sie die Giraffe in einen Citroën-Lieferwagen mit offenem Dach gesteckt. Das arme Tier ragte mit dem Hals und den Hörnern oben heraus.

Auf den Straßen von Paris...

Als die Wagenkolonne mit dem Staatsgast in Orly aufbrach, von Süden nach Norden fuhr und auf den Quai Saint-Bernard einbog, reihten sich die beiden Studenten – kurz das Lenkrad eingeschlagen und zwei mal aufs Gaspedal getreten – mit ihrem Citroën-Lieferwagen und der Giraffe, deren Kopf aus dem Dach herausragte, in die Kolonne ein. Sofort kamen Motorradpolizisten und fragten, was das soll. Und die Studenten sagten: »Das ist das Geschenk.« Ach ja, sehr gut, das Geschenk. So zogen sie wieder ab.

Na klar, eine Giraffe ist ein gutes Geschenk für einen afrikanischen König...

Sie fuhren über die Brücke Alexandre III. Dann in den Élysée. Und man sagte dem Zeremonienmeister: »Achtung, sagen Sie dem Präsidenten der Republik schnell, dass er sich bei Houphouët-Boigny bedanken soll.« Mit einem Wort, das nicht überliefert ist, beugte sich General de Gaulle zu Houphouët-Boigny und sagt: »Vielen Dank für Ihr Geschenk.« Houphouët-Boigny dreht sich erstaunt um – in seinem Land gibt es selbstverständlich keine Giraffen. Alle gingen in die Festsäle, Reden, Champagner. Während dieser Zeit begann die Giraffe, die Hunger und Durst hatte, Rabatz zu machen und den Lieferwagen zu demolieren. Und alle gingen hinaus. Und General de Gaulle sagte die berühmten Worte: »Arrêtez donc cette chienlit!«

Macht endlich Schluss mit diesem Durcheinander, sein Lieblingswort.[16]

In diesem Moment kam Pompidou heraus und stand direkt vor meinen beiden Kameraden, die lachten und die Geschichte enthüllten. Die Gendarmen kamen und fragten: »Wie heißen Sie?« Der eine antwortete: »Ich heiße Pompidou.« Und der andere: »Matignou.« Sie sagten, dass sie Studenten seien, etc. Pompidou rief also den Direktor der École normale an, um ihn zusammenzustauchen. Wir haben zusammen mit Hippolyte einen Brief an Monsieur Georges Pompidou geschrieben und ihn gebeten, die beiden Studenten mit dem Orden der Ehrenlegion auszuzeichnen, den viele andere schon für weniger bekommen hätten.

Ist das geschehen?

Anscheinend nicht. Das war also ein Streich, der bis zum Élysée ging! Ich habe in meinem Leben nie wieder eine solche schändliche Versuchung der Eifersucht auf die unvergleichlichen Meister empfunden.

Können Sie mir versichern, dass diese Geschichte wahr ist?

Absolut, ich war da und ich war Zeuge.

---

[16] Zum Mai 68 sagte de Gaulle: »La réforme oui, la chienlit non!« (A.d.Ü.)

Editorische Notiz

Seit 2004 gibt Michel Serres jeden Sonntag ein sieben-minütiges Interview auf dem französischen Radiosender *France info*. Sein Gesprächspartner ist der Journalist Michel Polacco, der ihn jeweils zu einem bestimmten Begriff befragt, der entweder von der Redaktion, von Hörern, von Michel Polacco oder von Michel Serres ausgewählt worden ist. Die im vorliegenden Band ausgewählten Chroniken sind in Frankreich in drei Bänden bei den *Éditions le Pommier* erschienen.

Elisa Barth / Alexandre Plank.

Rugby; Verantwortung; Die Marseillaise; Richard Virenque; Jules Verne; Brücken; Privatleben / Leben in der Öffentlichkeit; Der Tod, Ende oder Ursprung des Lebens; Weltweite Katastrophe in: Michel Serres, *Petites Chroniques du dimanche soir*. © Éditions Le Pommier, Paris 2006.

Identität; Feinschmeckerei; Die Todesstrafe; Vater und Sohn; Wikipedia; Könige und Königtum in: Michel Serres, *Petites Chroniques du dimanche soir 2*. © Éditions Le Pommier, Paris 2007.

Europa… ein seltsames System; Selbstmord; Leuchttürme; Lourdes, Anna, Maria und Bernadette; Aprilscherz; Muttertag; Obamas Musik in: Michel Serres, *Petites Chroniques du dimanche soir 3*. © Éditions Le Pommier, Paris 2009.

Der Messias von Händel, Die Berliner Mauer © Éditions Le Pommier, Paris 2012.

Internationaler Merve Diskurs

www.merve.de

Alle lieferbaren Titel finden Sie unter www.merve.de.
Wir senden Ihnen gerne auch ein aktuelles Gesamtverzeichnis zu.
Nachricht an:
Merve Verlag, Crellestraße 22, 10827 Berlin
Tel.: +49-30-784 84 33
Fax: +49-30-788 10 74
merve@merve.de
genügt.